Bernd Imgrund

111 Orte in der Eifel, die man gesehen haben muss

Band 2

emons:

Bibliografische Information der Deutschen Nationalbibliothek
Die Deutsche Nationalbibliothek verzeichnet diese Publikation
in der Deutschen Nationalbibliografie; detaillierte bibliografische
Daten sind im Internet über http://dnb.d-nb.de abrufbar.
www.emons-verlag.de

© Emons Verlag GmbH
Alle Rechte vorbehalten
© der Fotografien: Bernd Imgrund, Barbara Thoben
Layout: Barbara Thoben, Lübbeke | Naumann | Thoben
Kartografie: altancicek.design, www.altancicek.de
Kartenbasisinformationen aus Openstreetmap,
© OpenStreetMap-Mitwirkende, ODbL
Druck und Bindung: CPI – Clausen & Bosse, Leck
Printed in Germany 2019
ISBN 978-3-7408-0552-4
Originalausgabe

Unser Newsletter informiert Sie
regelmäßig über Neues von emons:
Kostenlos bestellen unter
www.emons-verlag.de

Vorwort

Wussten Sie, dass Kyllburger Hopfen einst bis ins Ruhrgebiet geliefert wurde? Haben Sie schon einmal vor der vulkanischen Wingertsbergwand bei Mendig gestanden? Und kennen Sie den Bildhauer Mathieu Molitor aus Pickließem, dessen Faust-Figur vor Auerbachs Keller in Leipzig steht?

Auch jenseits der berühmten Burgen, Kirchen und Maare hat die Eifel einiges zu bieten. 111 eher unbekannte, oft schwer zu findende Sehenswürdigkeiten hat bereits der 1. Band dieses Buches präsentiert. Weil er sich zu einem Renner entwickelte, legen wir hiermit nach: Noch einmal sollen 111 Orte bereist werden, die jenseits der üblichen Touristenpfade liegen. Wer vermutet schon in Wittlich ein Stück der Berliner Mauer? Wer kennt die Geschichte der sogenannten Kieselkläpa von Bettingen, die im Nachkriegsdeutschland einer schweren Arbeit nachgingen? Und wer stand schon einmal vor dem Alendorfer »Schluckloch«, an dem der Lampertsbach in einer Karsthöhle versinkt?

Auch die vermeintlich kleinen Attraktionen der Eifel erzählen spannende Geschichten. Die vom Viez etwa, dem Eifeler Apfelwein. Die von der Mörderbande im Linnichbachtal bei Bad Bertrich. Oder die von der verschwundenen Skischanze bei Hollerath, deren Überreste man nur mit großer Ausdauer entdeckt. Wer diese Orte besichtigt, lernt so einiges über die Historie von »Preußisch Sibirien«, wie man den unterentwickelten Landstrich einst nannte. Und ganz nebenbei tut er auch etwas für seinen Körper. In diesem Sinne die Einladung zu Band 2: Entdecken Sie weitere 111 geschichtsträchtige und geheimnisvolle, verrückte und vergessene Orte zwischen Aachen und Trier, Koblenz und Luxemburg.

111 Orte

1 ___ Der Kreuzweg | Adenau
   Tuff, Basalt und Lava | 10

2 ___ Das Schützenmuseum | Ahrweiler
   Ziselierte Königsschilder und ein Beinknochenkreuz | 12

3 ___ Das Schluckloch | Alendorf
   Ein Wasserlauf taucht ab | 14

4 ___ Die Ahrbrücke | Antweiler
   Folge einer Flutkatastrophe | 16

5 ___ Die Buntsandsteinroute | Auw an der Kyll
   Zur Geschichte eines Natursteins | 18

6 ___ Das Linnichbachtal | Bad Bertrich
   Auf den Spuren der Moselbande | 20

7 ___ Der Römerkessel | Bad Bertrich
   Ein »Landschaftstherapeutischer Park« | 22

8 ___ Der Märchenwald | Bad Breisig
   Dornröschen, Schneewittchen & Co. | 24

9 ___ Das Romanische Haus | Bad Münstereifel
   Am Rande des Outlets | 26

10 ___ Der Doppelbrunnen | Bad Neuenahr
   »Weich wie Samt und moussierend wie Champagner« | 28

11 ___ Das Backofendorf | Bell
   Exportware aus Tuffgestein | 30

12 ___ Die Türkenmadonna | Beller
   Geköpft und ausgestellt | 32

13 ___ Der Kieselkläpa | Bettingen
   Handarbeit in der Nachkriegszeit | 34

14 ___ Der Wasserfall | Beuren – Kliding
   Ein abgründiges Abenteuer | 36

15 ___ Die Ulmen | Biersdorf
   Umgeknickt und neu gepflanzt | 38

16 ___ Der Molitor-Raum | Bitburg – Pickließem
   Von Pickließem in die weite Welt | 40

17 ___ Die Süntelbuche | Blankenheim
   Der Hexenbesen auf dem Hügelgrab | 42

18 ___ Der Bergbaupfad | Bleialf
   Schwermetall aus dem Untergrund | 44

19 ___ Der Jüdische Friedhof | Blumenthal
... mit dem seltsamen Baum | 46

20 ___ Der Grenzstein | Bollendorf
Als Luxemburg zu Österreich gehörte | 48

21 ___ Die alte Propstei | Buchholz
Messwein fürs Mutterhaus | 50

22 ___ Der Fliegerhorst | Büchel
»Hopp, hopp, hopp, Atomraketen stopp!« | 52

23 ___ Der Milchstraßenweg | Burgsahr
Welsche Haube, Schwarzes Loch | 54

24 ___ Die Pützlöcher | Butzweiler
Ein antikes Kupferbergwerk | 56

25 ___ Die Wasserdell | Dahlem
Ein Steg durchs Moor | 58

26 ___ Der Ehrenfriedhof | Daleiden
Stilles Gedenken statt Pathos | 60

27 ___ Die Kaffeemühlen | Daun
Manuelles Mahlen im Caféhaus Schuler | 62

28 ___ Die Rothirsch-Empore | Dreiborn
Ein Naturfilm im Freilichtkino | 64

29 ___ Die Brücken-Statue | Echternacherbrück
Johannes Bertels – Abt, Chronist, Entführungsopfer | 66

30 ___ Der Decke Tönnes | Effelsberg – Bad Münstereifel
... oder: Die Versuchungen des heiligen Antonius | 68

31 ___ Das Kleine Maar | Ehlenz
... das eigentlich ein Moor ist | 70

32 ___ Die alte Wasserpumpe | Engeln
Feuchtes Nass fürs ganze Dorf | 72

33 ___ Der Schöpfungspfad | Erkensruhr
Waldesruh und innere Einkehr | 74

34 ___ Die Bunkerdecke | Eschfeld
Von der Horizontalen in die Vertikale | 76

35 ___ Die Viez-Kellerei | Eschfeld
Sauer macht lustig | 78

36 ___ Die Felsreliefs | Euren
Tierische Kunst im Wald | 80

37 ___ Die Auktionshalle | Fließem
»Genetisch hornlos«, »schicke Ferse« | 82

38 ___ Die Trilobitenfelder | Gees
Wo sich Humboldt den Frack füllte | 84

39 — Die Brauerei | Gemünd
Bitte ein Gemünder! | 86

40 — Der Denkmalstein | Gerolstein
Alois Mertes – berühmtester Sohn der Stadt | 88

41 — Der Kalkofen | Gransdorf
Malen, Mauern, Modellieren | 90

42 — Die Göbelsmühle | Greimersburg
Eine von 28 an der Endert | 92

43 — Das Falkenbachviadukt | Hahn – Breinig
Kriegsversehrt auf Krücken | 94

44 — Der Wild-Wechsel | Hellenthal
Vergängliche Kunst an der Olef-Talsperre | 96

45 — Die Thingstätte | Heppingen
Germanen auf der Landskrone | 98

46 — Das Kriminalhaus | Hillesheim
Café und Bibliothek | 100

47 — Die Forellenteiche | Himmerod
Geräuchert, filetiert, auf Müllerin Art | 102

48 — Die Mühlsteinhöhlen | Hohenfels-Essingen
… und die Grotte des Dorflehrers | 104

49 — Die Skischanze | Hollerath
50 Meter freier Flug | 106

50 — Die Huwelslay | Holsthum – Peffingen
Tropfsteinhöhle und Wasserfall | 108

51 — Die Erftquelle | Holzmülheim
Auf in den Norden | 110

52 — Die Tongrube Toni | Kalkar
Vom Baggerloch zum Biotop | 112

53 — Die Katzensteine | Katzvey
Ausgelaugt und dennoch mächtig | 114

54 — Die V1-Stellung | Kelberg
Von der »Wunderwaffe« zum »Eifelschreck« | 116

55 — Der Steinrausch | Kempenich
Spiel und Spaß am Schlackenvulkan | 118

56 — Das Wasserkraftwerk | Keppeshausen
Zwei Fliegen mit einer Klappe | 120

57 — Die Matthiaskapelle | Kobern-Gondorf
Das einzige Apostelgrab nördlich der Alpen | 122

58 — Die Via Agrippa | Köln – Nettersheim – Dahlem – Trier
Römerstraße der Eifel | 124

59 —— Der Mühlensee | Kommern
Bergwerk und verbleites Vieh | 126

60 —— Varnenum | Kornelimünster
Römische Siedlungspolitik im Indetal | 128

61 —— Die NS-Meisterschule | Kronenburg
Kunst für Blut und Boden | 130

62 —— Der Hopfenpfad | Kyllburg – St. Thomas
Bitterstoff fürs Bier | 132

63 —— Der Rauschen | Kyllburg
… und das Rauschen | 134

64 —— Die Achterhöhe | Lutzerath
Ein Skywalk über dem Üßtal | 136

65 —— Der Michelsberg | Mahlberg
Eine Kuppe, viele Aufgaben | 138

66 —— Der Neidenbach | Malberg
Wie ein Dorf seinen Bach zurückbekam | 140

67 —— Die Römerwarte | Mayen
Wache wider die »Wilden« | 142

68 —— Die sieben Schwaben | Mayen
Meister Lampe und die Hasenfüße | 144

69 —— Die Akropolis | Mayschoß
Ein Stückchen Griechenland an der Ahr | 146

70 —— Die Wingertsbergwand | Mendig
Ein offenes Buch zur Vulkanologie | 148

71 —— Das Kolbe-Denkmal | Mettendorf
»Allen Menschen Bruder« | 150

72 —— Die Absturzstelle | Metterich
Wo Claus von Bohlen und Halbach starb | 152

73 —— Die Herrenwiese | Müllenbach – Laubach – Leienkaul
Schieferabbau im Kaulenbachtal | 154

74 —— Der Christophorus | Münstermaifeld
Wo der Hüne ein echter Riese ist | 156

75 —— Der Zinnenplatz | Neuerburg
Emigrant und Hymnenkomponist | 158

76 —— Der Sendeturm | Neuhaus
Kultur, Musik, Nachrichten (und Werbung) | 160

77 —— Das Fresko | Nideggen
Ein Puzzle aus dem 13. Jahrhundert | 162

78 —— Schweine-Golf | Niederdürenbach
… und eine Spannstation | 164

79 —— Die Bildtapete | Niedersgegen
Der Tod von »Paul und Virginie« | 166

80 —— Der Hufeisenkrater | Niederzissen
Ein Vulkan, der nie ausbrach | 168

81 —— Der Ruderbüsch | Oberbettingen
Ein Vulkan verschwindet | 170

82 —— RuheForst & FinalForest | Pitscheid – Hümmel
Die Begräbniswälder von Hümmel | 172

83 —— Das Kaisergrab | Prüm
Lothar und die Prümer Teilung | 174

84 —— Die Air Station | Prüm
No-Go auf dem Schwarzen Mann | 176

85 —— Die Schwarze Madonna | Remagen
Zum Gedenken an die »Goldene Meile« | 178

86 —— Die JVA | Rheinbach
Über hundert Jahre Knast | 180

87 —— Der Düwelssteen | Ripsdorf – Nonnenbach
… beziehungsweise: Der Eichendorff-Felsen | 182

88 —— Der Rockeskyller Kopf | Rockeskyll
Trockenschwimmen im Vulkankrater | 184

89 —— Das Felsennest | Rodert
Der Führerbunker auf dem Eselsberg | 186

90 —— Der russische Friedhof | Rurberg
2.322 Tote auf Höhe 503 | 188

91 —— Die Nonnenempore | St. Thomas
Kein Wort, kein Blick | 190

92 —— Das Grab am Totenmaar | Schalkenmehren
Pitt Kreuzbergs letzte Ruhe | 192

93 —— Das Zitronenkrämerkreuz | Schleich – Ensch
Mord am Moselhöhenweg | 194

94 —— Der Finger Gottes | Schloßthal
Ein abgebrochener Riese | 196

95 —— Die Motte Zehnbachhaus | Schmidtheim
Niederburg an der Urft | 198

96 —— Die Grablegungsgruppe | Spangdahlem
Figurale Kunst aus dem 17. Jahrhundert | 200

97 —— Die Mitfahrbank | Speicher
Wo der Daumen nicht in den Wind muss | 202

98 —— Das Töpferzentrum | Speicher
Bartmänner und Raubtiere | 204

99 —— Die Wüstung Staudenhof | Staudenhof
An der Grenze der Zivilisation | 206

100 —— Das Labyrinth | Steinfeld
... hinter dem Garten der Stille | 208

101 —— Das Nostalgikum | Uersfeld
Eine Zeitreise in die Nachkriegsära | 210

102 —— Das Ulmener Maar | Ulmen
Jüngster Kratersee der Eifel | 212

103 —— Die Aquäduktbrücke | Vussem
In 80 Metern über das Veybachtal | 214

104 —— Die Gärkammer | Walporzheim
»Das Mittel ist probat« | 216

105 —— Das Meditationszentrum | Wassenach
Die Buddhisten vom Laacher See | 218

106 —— Die Mariensäule | Waxweiler
»Madonna dou vom Eichelsberg« | 220

107 —— Die Burg Trutzeltz | Wierschem
Ein ruinöses Schattendasein | 222

108 —— Die Einsiedelei | Wiersdorf
Schwarzbrot, Ziegenmilch und Honig | 224

109 —— Die Autobahnkirche | Wittlich
Eine »Raststätte der Ruhe« | 226

110 —— Die Berliner Mauer | Wittlich
Grenzwall im einstigen Grenzgebiet | 228

111 —— Die Tomburg | Wormersdorf
Kraut und Kastell | 230

ADENAU

1 Der Kreuzweg
Tuff, Basalt und Lava

Kreuzwege findet man in der Eifel wie Kleingeld im Klingelbeutel. Aber kaum einer ist so schön gearbeitet und zudem so attraktiv gelegen wie der über Adenau. 1861 begonnen, war er 1863 vollendet – 14 in neogotischem Stil gehaltene Stationen und mehrere Grotten, die auf verschlungenem Pfad vom Friedhof aus den Kirchberg hinaufführen. Die Initialzündung ging, wie sollte es anders sein, vom damaligen Pfarrer und dem amtierenden Bürgermeister aus. Spenden örtlicher Kaufleute sowie eine Tombola generierten das Geld für den Bau. Errichtet wurde die Anlage sodann von den Bürgern der Stadt Adenau – ehrenamtlich.

Nach dem Start an einer Josefsgrotte erreicht man den eigentlichen Kreuzweg durch ein von Engeln gesäumtes Tor. Eine reizvolle Idee des Adenauer Gartenarchitekten Anton Lehmann bestand darin, ausschließlich heimische Materialien zu verwenden. So bestehen die groß ausgeführten Stationen aus Riedener Tuff, einem Gestein, das vor rund 400.000 Jahren als Asche eines gigantischen Vulkanausbruchs auf die Erde regnete. Und während für die Wegfassungen Basalt zum Einsatz kam, wurden die Grotten wiederum aus Lavagrotzen modelliert.

Künstlerischer Höhepunkt des Kreuzwegs sind allerdings die Darstellungen von Jesu letztem Gang. Hier orientierten sich die Steinmetze am Kreuzweg der Wiener Johannes-Nepomuk-Kirche, ausgeführt vom renommierten Sakralkünstler Joseph von Führich. »Der Theologe mit dem Stifte«, wie man ihn auch nannte, hatte sich früh auf kirchliche Motive und Arbeiten spezialisiert und darin eine gewisse Meisterschaft erlangt. Dementsprechend detailliert und eindrucksvoll wirken auch die Adenauer Darstellungen. Wenn Jesus hier erstmals unterm Kreuze fällt, leidet man geradezu mit ihm. Und der Kerl, der rechts von ihm die Hände in die Hüften stemmt, schaut dermaßen hämisch auf ihn herab, dass man ihm selbst ein Kreuz auf den Buckel wünscht.

Adresse Am Friedhof, 53518 Adenau | **Anfahrt** von der B 258 auf die Mühlenstraße, die zur Straße Am Friedhof wird | **Tipp** Von der finalen Grablegungsgrotte führt ein hübscher Pfad hinauf bis zur Lassaulxhütte und wieder zurück zum Start.

2 Das Schützenmuseum
Ziselierte Königsschilder und ein Beinknochenkreuz

Die Innenstadt von Ahrweiler besuchen übers Jahr ein paar hunderttausend Gäste. Ganz zu Recht, denn sie wartet mit vielerlei Attraktionen auf: einer ausgedehnten Fußgängerzone, historischen Häuschen, lauschigen Weinlokalen sowie einer mittelalterlichen Stadtmauer samt vier erhaltener Tore. Ein wenig abseits vom Trubel liegt das Schützenmuseum des Ortes. Eingerichtet wurde es in einer ehemaligen Zehntscheune aus dem frühen 18. Jahrhundert. Das baufällige Haus wurde 1990 in Eigeninitiative von Grund auf renoviert – kein großes Problem bei über 700 Mitgliedern, die sämtliche Gewerke vom Maurer über den Zimmermann bis zum Schlosser und Maler abdecken.

Selbstverständlich präsentiert die Ausstellung Uniformen, Fahnen, Gewehre und Pokale. Auch ein lebensgroßer Sebastianus, Namenspatron der hiesigen Schützen, begrüßt den Gast im Eingangsbereich. Ungewöhnlicher sind schon die vielen von Hand ziselierten Königsschilder oder das »Seelenbuch« genannte Mitgliederverzeichnis von 1655. Ein skurriles Kleinod stellt schließlich das filigrane Kreuz des Johann Joseph Kreuzberg dar. Bei einem Unfall während des Böllerschießens an Fronleichnam 1839 wurde er massiv verletzt. Das kleine Kreuz fertigte der Schreinermeister auf dem Krankenlager – aus dem eigenen Beinknochen.

Die älteste der Ahrweiler Gesellschaften, die Bürgerschützen, blickt auf eine über 600-jährige Geschichte zurück. Wegen der hohen Mitgliederzahl darf die Besetzung des Königsstuhls nicht dem Zufall überlassen werden. Das bedeutet: In Ahrweiler wird der Vogel nicht per Glückstreffer, sondern nur symbolisch abgeschossen – von einem schon vorher bestimmten Oberhaupt. Auch in anderer Hinsicht sind die Ahrweiler St.-Sebastianus-Schützen außergewöhnlich, verfügen sie doch seit mindestens 1609 über eigene Weinberge. Auf insgesamt gut 5.000 Quadratmetern wird ein mehrfach prämierter Spätburgunder angebaut.

Adresse Auf der Rausch 4, 53474 Bad Neuenahr-Ahrweiler, www.haus-der-schuetzen.de |
Anfahrt Das Museum liegt 100 Meter südlich vom Marktplatz am Mühlenteich. |
Öffnungszeiten nach Voranmeldung, siehe Website | **Tipp** Der Schützenwein kann im Museum erworben werden – ein guter Tropfen!

3 Das Schluckloch
Ein Wasserlauf taucht ab

Der Spaziergang durch das Lampertstal zwischen Alendorf und Schloßthal gehört zu den schönsten der Eifel. Und zu den abwechslungsreichsten. Schloßthal punktet mit der verwunschenen Burg und dem »Finger Gottes« (siehe Ort 94). In Alendorf kann der Kalvarienberg erklommen werden: Mitten durch die Wacholderheide führt ein steiler Kreuzweg auf den Gipfel (siehe Band 1, Ort 1). Das Tal entlang des Lampertsbachs wiederum lädt zu einem entspannteren Spaziergang ein. Saftige, grün-bunte Auenwiesen schmücken die Ufer, bevor zu beiden Seiten sanfte Hügel ansteigen. Etwa einen Kilometer östlich von Alendorf wartet zudem eine echte Kuriosität auf den Wanderer: eine Bachschwinde, das sogenannte Schluckloch.

Wer auf der kleinen Brücke steht, bekommt zwei gänzlich unterschiedliche Eindrücke vom Lampertsbach. Von Westen her kommt er noch sprudelnd angeflossen. Wechselt man jedoch ans gegenüberliegende Geländer, ist nicht mehr viel übrig geblieben vom Wasser. In regenarmen Sommern kommt es sogar vor, dass die Sohle gänzlich trocken liegt. Grund dafür ist ein Loch im Boden, das den Bachlauf frisst wie ein Höhlenmonster. Bei höherem Pegel liegt es unter Wasser, aber man spürt die Kraft dieser Bachschwinde. Ihren Ursprung hat sie im karstigen Gelände des Lampertstals. Den Untergrund bildet hier das Kalkgestein der Dollendorfer Mulde. Kohlensäurehaltiges Wasser löst Spat aus dem Material, die Risse wachsen sich zu unterirdischen Hohlräumen aus, zu sogenannten Karsthöhlen. Stürzen sie ein, entstehen oberirdische Mulden, die man Dolinen nennt.

Erstaunlicherweise versickert das Wasser bei Alendorf jedoch nicht auf Nimmerwiedersehen. Wer ein Blatt in das Schluckloch tauchen lässt, muss sich nur schnell genug rund 4,5 Kilometer weiter gen Nordosten bewegen. Dort im Ahrtal nämlich gelangt der Lampertsbach wieder an die Oberfläche.

Adresse 53945 Alendorf | **Anfahrt** Ab Alendorf geht man zum Beispiel von der Bachgasse aus ins Lampertstal, die Schwinde folgt nach circa einem Kilometer. | **Tipp** Jenseits der Wanderung sei ein Besuch im idyllischen Örtchen Mirbach empfohlen. Dort steht auch die ungewöhnliche Erlöserkirche.

4   Die Ahrbrücke
Folge einer Flutkatastrophe

Am 13. Juni 1910 überzogen sintflutartige Gewitterregen das Ahrtal. Binnen kürzester Zeit schwollen die Flüsse gefährlich an. Erschwerend hinzu kam, dass seinerzeit die Ahrtalbahn erweitert wurde. An den Ufern lagerten Abertonnen sperrigen Baumaterials. Sobald es von den Fluten losgeschwemmt wurde, verkeilte es sich an Vorsprüngen, etwa an Brückenpfeilern, und staute die Flüsse zusätzlich auf. Innerhalb weniger Stunden wurden über 20 Ahrbrücken zerstört, darunter die in Antweiler. Jenseits der Sachschäden kamen jedoch auch Menschen ums Leben. Die Baubuden und Kantinen der Bahnarbeiter lagen allesamt am Fluss und wurden, zum Teil belegt mit Dutzenden Menschen, fortgetrieben. Der Wirt der Schober-Kantine in Antweiler starb mit seinem Kind, das er zu retten versucht hatte. Insgesamt 52 Arbeiter ertranken in den reißenden Gewässern dieses extremen Sommerhochwassers oder wurden durch umhertreibendes Baumaterial erschlagen. Die Leichen, viele von ihnen italienische Wanderarbeiter, waren zum Teil zu entstellt, um identifiziert werden zu können. Man begrub sie am 15. Juni in zwei Massengräbern in Antweiler und Schuld.

Noch im selben Jahr machte man sich an den Neubau der Brücken. Wie ihre Vorgängerin wurde auch das neue Bauwerk in Antweiler als Bruchsteingewölbebrücke ausgeführt. Nur erhielt sie nun mit drei Bögen einen mehr, deren mittlerer zudem etwas größer ausgelegt ist. Die Orientierung am althergebrachten Stil hat mit einer preußischen Verordnung zu tun, dem 1907 erlassenen »Gesetz gegen die Verunstaltung von Ortschaften und landschaftlich hervorragenden Gegenden«. Darin wird unter anderem gefordert, auch Brücken als »kulturgeschichtliches Erbteil« zu betrachten, das »durch fremdartige Neubauten« geschädigt würde. Wer sich die archaische Querung von Antweiler gut hundert Jahre später ansieht, kommt zu dem Schluss: Da haben die Preußen mal recht gehabt.

Adresse Bahnhofstraße, 53533 Antweiler | **Anfahrt** Die Brücke liegt im Ortszentrum. | **Tipp** Ebenfalls der Ahr verbunden ist die restaurierte Antweiler Mühle mit Wurzeln im 17. Jahrhundert (www.antweiler-muehle.de).

5 Die Buntsandsteinroute
Zur Geschichte eines Natursteins

Die Eifellandschaft birgt die verschiedensten Materialien zum Häuserbau. Am bekanntesten sind sicherlich die Fachwerkhäuser. Aber Balken, Erde, Kiesel und Hölzchen findet man auch andernorts. Charakteristischer für die Region kommen Bauten aus vulkanischem Gestein daher. Optisch markant ist etwa der Weiberner Tuff, die helle, verhärtete Auswurfasche, die den Kern dieses alten Dorfes prägt (siehe Band 1, Ort 107). Das enge Kylltal der Südeifel wiederum wartet mit einem ganz eigenen Stoff auf: Buntsandstein. Er tritt in gelblich-grauen wie auch in braunvioletten Tönen auf, vorzugsweise jedoch in einem tiefen, irdenen Rot, das an herbstliche Ahornblätter erinnert. Wer mehr darüber erfahren möchte, kann vom Örtchen Auw an der Kyll aus auf der »Buntsandsteinroute« wandern.

Buntsandstein ist ein Produkt der Trias und entstand vor rund 200 Millionen Jahren. Das raue, dennoch sehr handfreundliche Gestein ist somit älter als seine vulkanischen Vettern. Die Felsen eines noch früher entstandenen Gebirges wurden zu Sand zersetzt, den Eisen rötlich färbte. Urzeitliche Wüstenstürme und Flüsse schichteten das leichte Material dünenartig auf. Schließlich sorgte Kieselsäure für die Verkittung des Ganzen zu einer harten, gleichwohl gut zu bearbeitenden Felsmasse. Ihre stärkste Ausprägung erreicht sie an der Kyllmündung bei Trier, wo der Buntsandstein sich 300 Meter stark über die Erde legte.

Der Rundweg ab Auw ist 18 Kilometer lang (Wanderzeit: rund fünf Stunden) und beleuchtet die Geschichte des Buntsandsteins von allen Seiten. Zu den Höhepunkten der Tour gehören der stark vom Buntsandstein geprägte Startort und der Burgknopp mit seiner mittelalterlichen Motte, deren Erdhügel erhalten blieb. Am eindrucksvollsten jedoch: die aufgelassenen Buntsandsteinbrüche am Wegesrand, die vom jahrhundertealten, mühseligen Abbau dieses Natursteins erzählen.

Adresse 54664 Auw an der Kyll | **Anfahrt** Tourbeginn am Wanderparkplatz am Bahnübergang | **Tipp** Auch in der Rureifel existiert eine Buntsandsteinroute, die vom Bahnhof Kreuzau über 38 Kilometer nach Heimbach führt (www.rureifel-tourismus.de).

6 Das Linnichbachtal
Auf den Spuren der Moselbande

Das schmale Linnichbachtal erstreckt sich nordöstlich von Bad Bertrich. Heute wirkt es ausgesprochen friedlich. Gegen Ende des 18. Jahrhunderts jedoch trieb hier die Moselbande ihr Unwesen. Der Vormarsch der französischen Revolutionstruppen gen Rhein hatte für die Eifelregion zunächst eine gewisse Gesetzlosigkeit zur Folge. Das rechtliche Vakuum wussten Männer wie der gelernte Schmied Johann Sebastian Nikolai aus Krinkhof bei Bad Bertrich zu nutzen. Er gilt als Kopf der Bande, auf deren Konto zahlreiche Morde, Brandschatzungen und Diebstähle gehen. Im August 1796 etwa wurde der Müller Krones von der Sprinkersmühle mitsamt seiner Familie überfallen. Das Amtsprotokoll fasste nach Besichtigung des Tatorts zusammen: »In bestialischer Weise ermordet fand man die Angehoerigen der ehrbaren Muellersfamilie. Gleich in der Unterstube fand man die Muellerin ueber eine Backmulde ausgestreckt. Daneben lag der Mueller mit vier Kopfwunden. Der siebenjaehrige Knabe lag tot im Bett. In der Oberstube wurde die 23-jährige Tochter tot aufgefunden.« Weitere Verbrechen folgten, aber auch untereinander waren sich die Banditen nicht grün. Der Bertricher Metzger Richard Bruttig etwa tötete seinen Kumpanen Theodor Mungel und versteckte die nackte und enthauptete Leiche in einem Gebüsch im Linnichbachtal. Unter anderem hatte er den Toten verdächtigt, ein Verhältnis mit der Metzgersfrau gehabt zu haben. Bruttig galt den Zeitgenossen als der Grausamste der Meute. Von ihm ist der bezeichnende Spruch überliefert, es sei ihm »gleichviel, ob ich einen Menschenkopf oder einen Kalbskopf abschneide«.

Der Spuk endete erst um die Jahrhundertwende. Insgesamt 15 der Bandenmitglieder konnten gefasst werden und standen vor Gericht. Die Anklage umfasste 37 Kapitalverbrechen. Bruttig, Nikolai und sechs weitere Räuber wurden hingerichtet, die meisten anderen zu Kettenstrafen verurteilt.

Adresse 56846 Bad Bertrich, www.bad-bertrich.de | **Anfahrt** Der Rundweg »Auf den Spuren der Moselbande« folgt dem Wegezeichen des Räuberhauptmanns. Einstieg über das nordwestliche Ende der Clara-Viebig-Straße. | **Tipp** Die Schriftstellerin Clara Viebig hat auch einen Roman über die Moselbande verfasst: »Unter dem Freiheitsbaum«. Eine weitere Sehenswürdigkeit bildet die Bad Bertricher »Käsegrotte« (siehe Band 1, Ort 7).

7 _ Der Römerkessel
Ein »Landschaftstherapeutischer Park«

Bad Bertrich ist in mancherlei Hinsicht außergewöhnlich. Das beginnt mit der spektakulären Lage im eng geschnittenen Tal des Üßbachs und der 20 Grad warmen Glaubersalztherme (siehe Band 1, Ort 6). Schon die Römer frönten hier der Bäderkultur. In der Nachkriegszeit waren es dann vor allem Kurgäste, die Bad Bertrich am Leben hielten. Weil Arbeitstätigen kaum noch Kuraufenthalte verschrieben werden, ist der Altersdurchschnitt der Gäste inzwischen stark gestiegen. Unabhängig davon jedoch lohnt es sich weiterhin, diese schmucke Ortschaft zu besuchen. Zum Beispiel wegen des sogenannten Römerkessels.

Den Aufstieg zum Badeort beförderte entscheidend der Trierer Kurfürst Clemens Wenzeslaus von Sachsen (1738–1812). Er ließ ein kleines Schloss bauen und einen Park anlegen. Wo der Kurfürst jedoch mit Irrgarten, Vogelschießen und Karussell auftrumpfte, geht es heute deutlich beschaulicher zu. Unter der Anleitung eines Psychologen wurde das Römerkessel genannte Areal 2012 in einen »Landschaftstherapeutischen Park« umgewandelt.

So sperrig der Name, so elegant die Durchführung. Die Parklandschaft ist in sieben thematische Zonen eingeteilt. Eingangs begegnet man zunächst dem Wenzeslaus und seiner Schwester Kunigunde als steinerne Sitzgruppe. Später folgen unter anderem ein Kräuter-, ein Entspannungs- und ein Stillegarten. Im Lavagarten stehen zwölf originale Vulkanbrocken aus der Lavagrube Strohn, die Anordnung versucht den Verlauf eines Ausbruchs nachzuvollziehen. Der Bewegungsgarten wiederum wartet mit einem leicht hügeligen Wellen- und einem Barfußweg auf. Eine den Römern nachempfundene Laube dient der Aufbewahrung von Gymnastikaccessoires und anderem Sportmaterial. Am südlichen Ende schließlich kann zum Abschluss der idyllische Schwanenweiher umwandert werden. Therapie durch Landschaft? Auf jeden Fall eine entspannende Runde!

Adresse 56864 Bad Bertrich | **Anfahrt** diverse Parkeingänge im Ortszentrum, zum Beispiel in der Bäderstraße | **Tipp** Oberhalb des Schwanenweihers gelangt man zum 1910 erbauten Bismarckturm.

8 Der Märchenwald
Dornröschen, Schneewittchen & Co.

Märchenwälder haben es nicht leicht heutzutage. Ihre Konkurrenten heißen TV und Computer. Manchen Eltern gelten die nicht selten schaurigen Geschichten zudem als pädagogisch bedenklich. Andere jedoch würden auf der Stelle zugeben, dass sie gar nicht der Kinder wegen dort hingehen, sondern um ihrer selbst willen. Und das Zauberwort heißt in diesem Zusammenhang: Nostalgie.

Zahllose Generationen kamen mit Märchen in ihrer frühen Kindheit in Kontakt. Eine geheimnisvolle Zeit, für die vor allem die Gebrüder Grimm geheimnisvolle Geschichten gesammelt haben: von bösen Wölfen und Hexen, von verzauberten Schwänen und Raben und von schändlich behandelten Jungfern wie Schneewittchen, Aschenputtel oder Rapunzel. Die Volksmärchen von Jacob und Wilhelm Grimm dominieren denn auch den Märchenwald von Bad Breisig, der, wie die meisten seiner Art, in den 1930er Jahren entstand. Nachdem er über Jahre in eine Art Dornröschenschlaf verfallen war, erwarb ihn 1987 der Königswinterer Immobilienmakler Heinz Pinnen. Die Häuschen wurden erneuert – mal eher dem historischen Vorbild, mal der zeitgenössischen Pädagogik folgend. Schautafeln eines integrierten Lehrpfades geben an jeder Station Denkanstöße, um die tieferen Schichten der märchenhaften Erzählung zu erschließen. Mit jeder Serpentine des Kesselbergs gelangt man an ein weiteres Häuschen, das auf Knopfdruck Schlüsselszenen des jeweiligen Märchens präsentiert. Wem en passant die sich jeder Rolle fügende Stimme bekannt vorkommt: Sie gehört dem Kabarettisten Konrad Beikircher – letztlich auch eine Art Märchenerzähler. Hohe Bäume schaffen die entsprechende Atmosphäre, und gegenüber auf der anderen Rheinseite liegt sogar eine typische Märchenimmobilie, das Schloss Arenfels. Ganz oben schließlich folgt die letzte Überraschung: die Gastronomie des Märchenwaldes mit einer der schönsten Aussichtsterrassen des Rheinlandes.

Adresse Am Kesselberg 19, 53498 Bad Breisig, www.maerchenwald-bad-breisig.de | **Anfahrt** Der Märchenwald liegt am nördlichen Ortsausgang und ist von der B 9 an ausgeschildert. | **Öffnungszeiten** 30. März–30. Juni, 1. Sept.–1. Nov. Sa, So 10–18 Uhr, Juli, Aug. täglich 10–18 Uhr | **Tipp** An der Brunnenstraße in Bad Breisig steht eine zwölf Meter hohe Mariensäule aus schwarzem Eifelbasalt (siehe auch Ort 106).

9 Das Romanische Haus
Am Rande des Outlets

Bad Münstereifel hat sich einen Namen als Outlet-Zentrum gemacht. Nicht nur am Wochenende pilgern Tausende Besucher in das idyllische Eifelstädtchen, um zwischen den vier erhaltenen Stadttoren auf Schnäppchenjagd zu gehen. Dass sich die allermeisten von ihnen einen Abstecher zum Romanischen Haus sparen, ist schade. Um nicht zu sagen: ein Fehler.

Da ist zunächst einmal das Gebäude selbst. Wann hat man schon einmal die Gelegenheit, durch ein Haus aus dem 12. Jahrhundert zu wandeln? Der lang gezogene Gewölbekeller verfügt über einen eigenen Brunnen, sogar ein Viehstall war dort unten eingerichtet. Hinter der Küche mit Feuerstelle gelangt man in das obere Stockwerk und bewundert die typisch romanischen Rundbogenfenster samt stützendem Rundpfeiler. Hier im repräsentativen Saal hat man bei der Renovierung versucht, die Dielen ganz mittelalterlich in fallenden Breiten zu verlegen – jedes Brett wurde maximal genutzt, Symmetrie spielte eine untergeordnete Rolle. Lediglich die Verbindung mit Nuten und Federn entspricht nicht dem damaligen Stand.

Ebenso spannend wie das Bauwerk ist seine Einrichtung. Die archäologische Sammlung im Keller enthält unter anderem zahlreiche Funde vom Michelsberg (siehe Ort 65). Das Erdgeschoss präsentiert historische Wohnräume, während im ersten Stock ein Altarraum nachgestellt wurde. Blickfang ist hier der barocke Hausaltar mit seinem Kreuzigungsbild aus der Zeit um 1700. Ursprünglich bewohnte ein Stiftsherr dieses mehrstöckige Haus, das heute als Hürten-Museum firmiert. Ende der 1950er stand es, ruinös heruntergewirtschaftet, vor dem Abriss. Von den Bad Münstereifeler Shopping-Meilen bis in die Langenhecke ist es lediglich ein Katzensprung. Man passiert dabei weitere Stiftshäuser sowie die einstige Stiftskirche, deren Geschichte ins 11. Jahrhundert zurückreicht. Und der Eintritt beträgt lediglich drei Euro – geradezu ein Outlet-Preis.

Adresse Hürten-Museum, Langenhecke 6, 53902 Bad Münstereifel, www.huerten-museum.de | **Anfahrt** Das Haus liegt westlich des Ortszentrums und grenzt an den Klosterplatz. | **Öffnungszeiten** Sa, So 11–17 Uhr | **Tipp** In der erwähnten Stiftskirche St. Chrysanthus und Daria steht, neben vielen weiteren Attraktionen, ein Hochaltar aus dem frühen 11. Jahrhundert.

10 Der Doppelbrunnen
»Weich wie Samt und moussierend wie Champagner«

»Klar muss Apollinaris sein, dann bringt man gute Ernte heim«, lautet die Bauernregel für den 20. Juli. Klar, rein und frisch ist auch das Apollinaris-Wasser aus der gleichnamigen Quelle bei Bad Neuenahr. Ihr Begründer Georg Kreuzberg wurde 1796 in Ahrweiler geboren, wo er 1873 auch starb. 1837 erwarb er eine Weinbergparzelle bei Neuenahr, wo man in 15 Metern Tiefe eine seit der Römerzeit vergessene Quelle wiederentdeckte. 1852 floss hier erstmals das bald berühmte Apollinaris-Sprudelwasser, ein Jahr später begann der organisierte Verkauf in Tonkrügen.

Die Statue des heiligen Apollinaris ziert heutzutage einen Brunnenplatz direkt gegenüber der Werkseinfahrt. Kreuzberg hatte für sein Produkt den Namen des Märtyrers gewählt, weil ihm einst an gleicher Stelle ein Bildstock gewidmet war. Ganz in der Nähe entspringt auch die bereits seit dem 16. Jahrhundert bekannte und genutzte Heppinger Quelle. Kreuzbergs Unternehmen erwarb 1870 auch diese und begann, sich international aufzustellen. 1895 überzeugte das Heilwasser die englischen Kehlen mit dem Slogan »The Queen of Table Waters«, zwei Jahre darauf avancierte man gar zum königlichen Hoflieferanten.

Wer die beiden Wässerchen aus Bad Neuenahr einmal vergleichen möchte, hat dazu vor Ort Gelegenheit. 30 Meter hinter dem Apollinarisbrunnen in Richtung Heppingen spucken zwei identische Wasserhähne Apollinaris (links) und Heppinger aus. Beide Quellen enthalten natürliche Kohlensäure – vulgo Sprudel – und beeindrucken durch ihren hohen Eisengehalt, der abgezapftes Wasser bräunlich einfärbt. Nach mehrmaligem Probieren mag man zu dem Ergebnis kommen, dass Heppinger eine Idee säuerlicher wirkt. Den Geschmack beeinträchtigt dies jedoch keineswegs, eher möchte man sich dem historischen Urteil der Briten anschließen. Das deutsche Wasser, so die damaligen Probanden, sei »klar wie Kristall, weich wie Samt und moussierend wie Champagner«.

Adresse Landskroner Straße 175 (Gästeparkplatz), 53474 Bad Neuenahr-Ahrweiler, www.coca-colacompany.com | **Anfahrt** über die B 266, östlicher Ortsausgang gen Heppingen | **Öffnungszeiten** Die beiden Zapfstellen sind täglich von 6 bis 21 Uhr geöffnet – offiziell allerdings nur für Anwohner. | **Tipp** Der städtische Kurpark, unter anderem mit Lesesaal und Kneippbereich, ist täglich von 9 bis 21 Uhr geöffnet (www.das-heilbad.de).

11 Das Backofendorf
Exportware aus Tuffgestein

Über steinerne Backöfen verfügen heutzutage höchstens noch die Pizzabäcker. Vor 200 Jahren jedoch war das anders und ein Backofenbauer ein viel beschäftigter Mann. Das geeignete Material dafür fand man im Nachlass der erloschenen Vulkane: Tuffgestein, genauer gesagt Selbergit-Tuff, wie man ihn vor allem rund um das Dörfchen Bell findet. Er ist so feuerfest wie hitzebeständig, und dank seiner schlechten Leitfähigkeit speichert er die gewonnene Wärme über viele Stunden. Mit der Nachwärme des Tuffofens konnte Kuchen gebacken oder Fleisch gedörrt werden.

Über 50 Backofenbauerfamilien gingen im Bell des 19. Jahrhunderts dem Gewerbe nach. Ihr Material brachen sie aus den umliegenden Steinbrüchen. Lebte der Kunde in der Nähe, wurde der Ofen nicht selten direkt von den Erzeugern installiert. Die Beller Backöfen jedoch erwarben sich auch über die Eifel hinaus einen guten Ruf. Per Eisenbahn und Rheinschiff gelangten sie ins Ausland, bis nach Belgien, Italien und Griechenland. Tuffstein ist recht leicht zu bearbeiten. Dafür jedoch muss man beim Rüsten, Fugen und Mauern überaus exakt vorgehen, um am Ende ein gutes Ergebnis zu erzielen: ein nahrhaftes, leckeres Brot.

Seit 2015 steht auf dem Dorfplatz von Bell ein historischer Backofen samt einem Schaukasten mit altem Werkzeug. Auch lernt man dort manches über die Geheimsprache der Ofenbauer, das sogenannte »Leppe Tallep«. Man sprach es untereinander, um den Auftraggebern die Finessen der Ofenbaukunst vorzuenthalten. Und wie wohl alle Handwerker hatten auch diese ihre eigenen Rituale für den Abschluss der Arbeit. Vier bis sechs Wochen lang wohnten sie bei freier Kost und Logis auf dem Hof des Kunden, bis der Schlussstein des Ofens eingeschlagen wurde. Danach, so heißt es in den Annalen, tranken die Beteiligten exakt so viele Schnäpse, wie der Stein Schläge benötigt hatte, um sich perfekt einzupassen.

Adresse Ecke Gänsehals- und Hauptstraße, 56745 Bell, www.bell-eifel.de | **Anfahrt** Bell liegt südwestlich vom Laacher See nahe der A 61, der Denkmalofen steht direkt im Ortszentrum. | **Tipp** Eine schöne Sicht über das umliegende Vulkangebiet bietet der Turm auf dem Gänsehals, rund zwei Kilometer nordwestlich von Bell.

12 Die Türkenmadonna
Geköpft und ausgestellt

Wege- und Gedenkkreuze sind in der Eifel nun wirklich nichts Besonderes. Dieses hier ist zudem recht klein und unscheinbar, ziemlich verblasst in seinen Konturen und unattraktiv an der Autobahn gelegen. Nähert man sich jedoch, wirkt die Darstellung zunehmend irritierend. Die Madonna trägt den kleinen Jesus auf dem Arm, beide werden von einem kräftigen Flammenkranz eingefasst – so weit, so gut. Aber in Marias rechter Faust steckt ein Schwert, und auch das Kind hält etwas in der Hand. Einen Kopf nämlich, einen abgeschlagenen. Ungeheuerlich, sollte man meinen, aber es gab eine Zeit, da entstanden so einige von diesen »Türkenmadonnen«. Das Türkenkreuz von Beller wurde aus Basalt gefertigt und stand früher auf dem Kirchhof des Nachbardorfs Ringen. Als man es 1728 aufstellte, diente es dem Gedenken einer Familie Scheufelgen. Zugleich jedoch erinnert die Steinmetzarbeit an die erst kürzlich gebannte Gefahr, die das Reich von Osten her bedroht hatte.

1683 standen die Türken zum zweiten Mal vor Wien. Vereinigte christliche Heere trugen jedoch den Sieg davon. In der Folgezeit wurden die muslimischen Eindringlinge gegen großen Widerstand peu à peu gen Osten zurückgedrängt. Als Entscheidungsschlacht gilt die von Peterwardein im Jahr 1716. Der kaiserliche Feldherr Eugen von Savoyen stieg dadurch zum Helden auf, der Papst nahm das Ereignis zum Anlass, das Rosenkranzfest einzuführen. Der Kampf zwischen Christentum und Islam, die Angst vor dem »Untergang des Abendlandes« trieb seltsame, manchmal blutrünstige Blüten. Eine davon bestand in der Stilisierung der Gottesmutter zur »Madonna vom Siege«. Marien mit Schwert und Türkenschopf findet man auch in Süddeutschland, zahlreicher jedoch in der Eifel. Noch martialischer wird das Bildnis von Beller, wenn man sich das Fundament ansieht, auf dem Maria steht: Es ist der mit Pluderhosen bekleidete Rumpf des geköpften Türken.

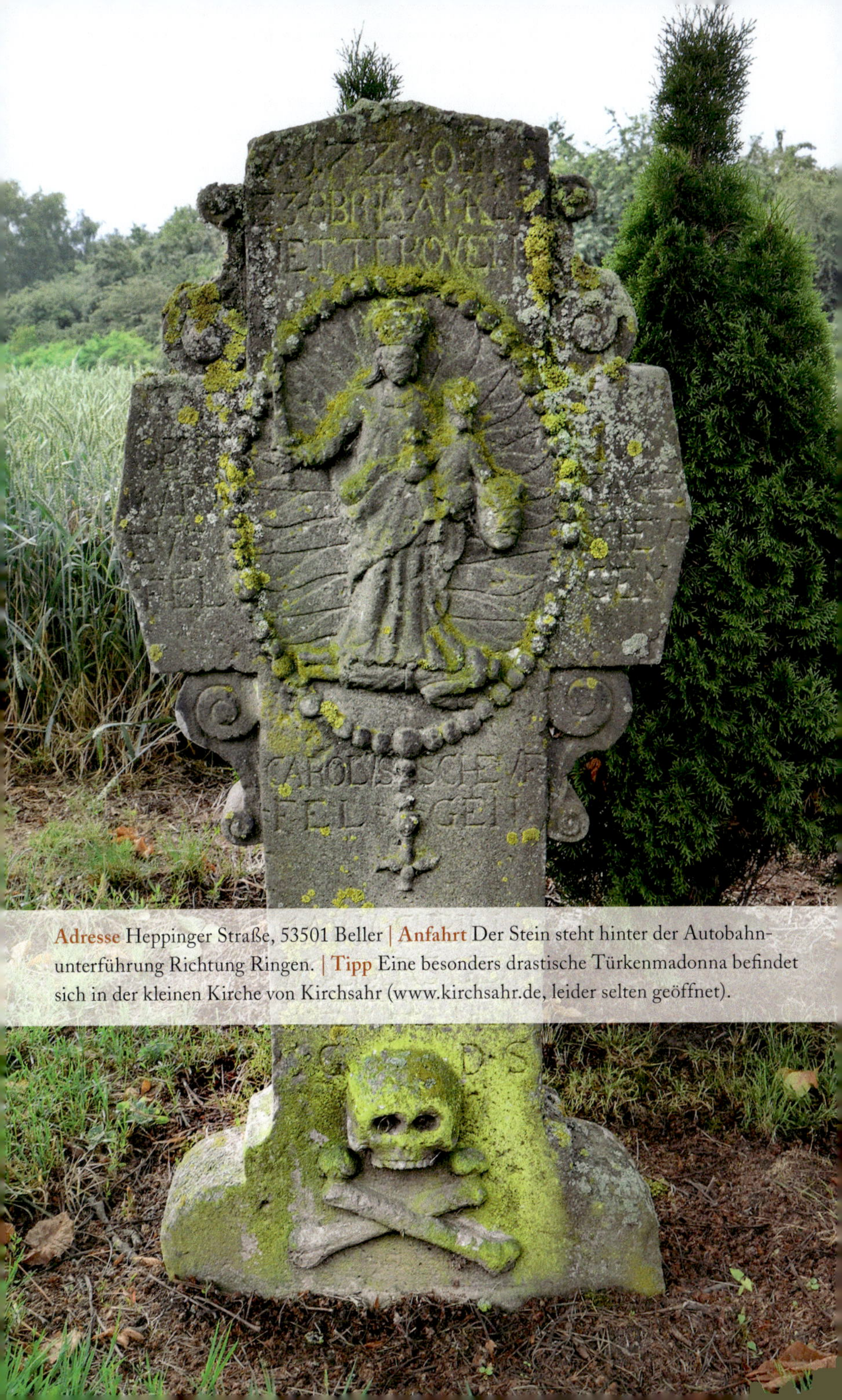

Adresse Heppinger Straße, 53501 Beller | **Anfahrt** Der Stein steht hinter der Autobahnunterführung Richtung Ringen. | **Tipp** Eine besonders drastische Türkenmadonna befindet sich in der kleinen Kirche von Kirchsahr (www.kirchsahr.de, leider selten geöffnet).

13 — Der Kieselkläpa
Handarbeit in der Nachkriegszeit

Bettingen lag einst ein Stückchen prümaufwärts, im heutigen Ortsteil Alt-Bettingen. Ein paar Ruinen zeugen von langer Besiedlung. Im 17. Jahrhundert jedoch suchte die Pest den kleinen Flecken heim, woraufhin sämtliche Bewohner ihren angestammten Heimatort verließen. Sie zogen nach Frenkingen, das allmählich zum neuen Bettingen mutierte. Noch heute spiegelt der zentral gelegene Frenkinger Platz die Geschichte von Armut, Seuche und Flucht. Man muss allerdings nicht 300 Jahre zurückgehen, um Erinnerungen an Zeiten der materiellen Not zu wecken. Denn seit dem Jahr 2005 erinnert der Bettinger Kieselkläpa an die bittere Ära nach 1945.

Wie in ganz Deutschland hatte der Krieg auch in der Eifel viele Straßen und Plätze zerstört. Maschinen waren Mangelware, Mobilität musste per Menschenhand wiederhergestellt werden. In Bettingen und andernorts wurden Lohnarbeiter verpflichtet, den Straßenbau durch das manuelle Zerkleinern von Steinen voranzutreiben. Die »Kieselkläpa«, wie man sie im lokalen Dialekt nannte, malochten für einen Stundenlohn von ein paar Groschen. Wer es sich leisten konnte, kaufte sich für den entsprechenden Betrag von der so schweren wie monotonen Arbeit frei.

Die Bronzefigur des Bildhauers Andres Medl trägt schwere Schuhe, eine Schirmmütze beschattet seine Augen. Auf dem nackten Oberkörper glaubt man beinahe den Schweißfilm zu sehen, der auf seiner Haut glänzt. Breitbeinig sitzt er da, der Hammer in seiner Hand scheint gerade niederzufahren. Es handelt sich um einen typischen Fäustel, wie ihn Steinmetze verwenden. Die meisten Kieselklopfer neigten jedoch dazu, den Stiel zu modifizieren. Indem sie ihn in der Mitte etwas dünner schleiften, erhöhten sie die Elastizität des Hammers. Das durch die nun konkave Form bedingte stärkere Federn sollte zugleich Kraft und Gelenke schonen. Ein Knochenjob blieb es dennoch.

Adresse Frenkinger Platz, 54646 Bettingen, www.bitburgerland.de/og-bettingen | **Anfahrt** von der B 50 auf die Bettinger Straße bis ins Ortszentrum | **Tipp** Schöpfer Andres Medl stammt aus der sehenswerten Künstlerkolonie Weißenseifen (siehe Band 1, Ort 109).

14_ Der Wasserfall
Ein abgründiges Abenteuer

Ist es nun der Klidinger oder der Beurener Wasserfall? Die beiden Dörfer bilden zusammen mit dem Fall in etwa ein gleichschenkliges Dreieck. Und sie streiten sich seit Urzeiten darum, wer sich dieses Naturschauspiels rühmen darf. Nachvollziehbar ist das, denn der auch Schießlay genannte Wasserfall ist eine echte Attraktion. Spannend gestaltet sich bereits der Anmarsch. Keine Straßen führen dorthin, und durch den Wald, etwa von Kliding aus, ist es auch ein gutes Stück – immer bergab. Der Fall liegt in einem Seitental des Erdenbachs, der bei Bad Bertrich in den Üßbach mündet (siehe auch Ort 7). Je näher man der Talsohle kommt, desto enger wird der Weg, bis man schließlich nur noch von einem Pfad sprechen kann. Man biegt Äste beiseite, um voranzukommen, es geht über Stock und Stein. Zahllose übers Wasser gebrochene Bäume verstärken das Gefühl, sich in einem Urwald voranzukämpfen. Irgendwann schiebt sich ein zunächst dezentes Rauschen ins Ohr, das stetig lauter wird. Und dann, ganz plötzlich, steht man vor der Abbruchkante. Ein Baum unmittelbar am Abgrund bietet die Möglichkeit, sich anzulehnen und herabzuschauen. Gut 20 Meter stürzen die Wasser in die Tiefe – Rekord für die Eifel. Fotos vermitteln nur unzureichend die Schönheit dieses Fleckens und auch den Respekt, der einen angesichts der Naturmacht ergreift. Gesagt sei, dass trittfest sein muss, wer dem Fall bis nach unten folgen möchte. Zum Glück wurden Halteseile in den Fels gedübelt.

Natürlich hängt es von der Jahreszeit ab, wie viel Wasser der Bach führt und wie imposant der Fall rauscht. Im Frühjahr nach der Schneeschmelze dürfte das Spektakel am größten sein. Häufige Besucher jedoch schwören auf den tiefsten Winter, wenn der Wasserfall Myriaden von Eiszapfen bildet. Und ob es nun der Beurener oder Klidinger Wasserfall ist? Das müssen die Dörfer wohl unter sich ausmachen.

Adresse 56825 Beuren bzw. Kliding | **Anfahrt** Zugang zum Beispiel von Kliding aus über die Oberdorfstraße in den Wald, dann den Hinweisschildern folgen | **Tipp** Der Besuch lässt sich mit einem Marsch zur Falkenlay (414 Meter) mit ihren Steinzeithöhlen verbinden (südlich von Kennfus).

BIERSDORF

15_ Die Ulmen
Umgeknickt und neu gepflanzt

Der Feind kam gegen Ende des Ersten Weltkriegs aus Asien. Ophiostoma ulmi, ein Pilz, gelangte durch den Menschen nach Europa und breitete sich von den Niederlanden über den gesamten Kontinent aus. Weil die hiesigen Ulmenarten nicht resistent gegen den Eindringling waren, kam es zu einem ersten breitflächigen Ulmensterben. In den folgenden Jahrzehnten wanderte der Pilz von Europa nach Nordamerika und kam in mehreren Schüben erneut von Asien hierher. Furnierhölzer importierten eine noch aggressivere Variante des Pilzes. Allein in England ging der Ulmenbestand während der 1970er Jahre um rund 70 Prozent zurück.

Dass die Ulmen, zumindest in unseren Breiten, komplett aussterben könnten, ist ein nicht unrealistisches Szenario. Übertragen wird der tödliche Pilz zumeist durch den Ulmensplintkäfer. Das Insekt gerät mit den klebrigen Sporen des Pilzes in Kontakt. Die Gegenmittel sind rar, und ihre Ergebnisse nicht wirklich befriedigend. Die Krone befallener Bäume beginnt zu welken, die Blätter werden braun und rollen sich ein. Den Verantwortlichen bleibt dann nur noch, den Baum zu fällen.

In Biersdorf standen zwei Ulmen vor der Kirche, ausgewiesen als Naturdenkmal. Fast hundert Jahre hatten sie auf dem Buckel, waren sie doch 1907 parallel zum Bau des Gotteshauses gepflanzt worden. Alt und krank, wie sie waren, fielen sie 2012 einem Sturm zum Opfer und knickten einfach um. Aber die Biersdorfer Katholiken machten es wie der Protestant Luther: »Wenn ich wüsste, dass morgen die Welt unterginge, würde ich heute noch mein Apfelbäumchen pflanzen.« Eine Ulme finanzierte die Kirche, eine zweite der Stammtisch »Die Bärtigen«. Dass man sie wie ein Wächterpaar vor dem Portal postierte, mag mythologische Wurzeln haben: Schon den alten Griechen galt die Ulme als Symbol des Todes und der Trauer. Und bis heute werden viele Särge aus Rüster, also Ulmenholz, gezimmert.

Adresse Langheck, 54636 Biersdorf | **Anfahrt** Biersdorf grenzt östlich an den Stausee Bitburg, die Kirche steht im Ortszentrum. | **Tipp** Weitere Attraktionen nahe Biersdorf sind die Einsiedelei (siehe Ort 108) und der idyllisch gelegene Stausee (www.biersdorfamsee.de).

16 Der Molitor-Raum
Von Pickließem in die weite Welt

Die Szene aus Goethes Faust ist berühmt: Um den bedrückten Doktor aufzuheitern, schleppt Mephistopheles ihn in Auerbachs Keller. Dort zechen sie mit ein paar großspurigen Studenten, denen der Teufel mit seinen Zaubertricks ordentlich einheizt. Goethe selbst hatte die einstige Kaschemme als Student in Leipzig aufgesucht. Heute stehen vor dem nun schicken Lokal eine lebensgroße Figurengruppe von Deibel und Doktor sowie gegenüber die verzauberten Studenten. Geschaffen hat sie der Sohn eines Eifeler Eisenbahners: Mathieu Molitor (1873–1929) aus Pickließem.

Im Bitburger Kreismuseum hat man dem berühmtesten Sohn der Region einen eigenen Raum gewidmet. Landschaftsbilder zeugen von der frühen Kunstfertigkeit des Malers und Bildhauers, ergänzt von zwei grazilen Skulpturen sowie einigen bunt gestalteten Kunstbüchern. Aus einfachen Verhältnissen stammend, war es für den jungen Mathieu schwierig, seinen Berufswunsch durchzusetzen. In der Schule, unter den ländlich geprägten Mitschülern, fühlte er sich fremd. Zu Hause verlangte der Vater, dass er »einen praktischen Beruf« erlerne, statt sich der Kunst zu ergeben. So begann er zunächst eine Lehre im Kanalbau, bevor er sich in Köln als Dekorationsmaler versuchte. 1894 wechselte er an die Kunstschule in Weimar und gelangte bald darauf schließlich nach Leipzig, ab 1899 seine neue Heimat.

Die Buchgrafik (Cover, Illustrationen, Exlibris) sollte Molitor lange Zeit als Haupteinnahmequelle dienen. In erster Linie jedoch verstand er sich als Bildhauer, dem es vor allem um die Abbildungsmöglichkeiten der menschlichen Gestalt ging. Vier Jahre, von 1904 bis 1908, verbrachte er in Italien – nicht zuletzt mit dem Studium der antiken Skulpturalkunst. Fünf Jahre nach seiner Rückkehr wurde dann jenes Doppelstandbild in der Leipziger Mädlerpassage enthüllt, vor dem sich inzwischen Millionen von Touristen haben ablichten lassen.

Adresse Kreismuseum Bitburg, Trierer Straße 15, 54634 Bitburg, www.bitburg-pruem.de | **Anfahrt** Die Trierer Straße ist die Hauptstraße südlich der Fußgängerzone. | **Öffnungszeiten** März–Okt. Di, Mi 11–17 Uhr, Do–So 14–17 Uhr, Nov.–Feb. So 14–17 Uhr | **Tipp** In der Kirche seines Geburtsortes Pickließem hängt Molitors Krippenbild »Anbetung der Hirten« von 1891.

17 Die Süntelbuche
Der Hexenbesen auf dem Hügelgrab

Dass den Besucher hier ein ganz besonderer Baum erwartet, ahnt man schon von fern. Wie ein Solitär steht er auf einer leicht ansteigenden grünen Wiese, nicht besonders hoch aufragend, aber dafür erstaunlich gewachsen. Der botanische Laie mag bei diesem Anblick zunächst an Trauerweiden denken: Zu allen Seiten fallen Äste von oben bis hinunter ins Gras. Nähert man sich dem Baum, wechselt jedoch die Assoziation. Diese Verwachsungen der Äste erinnern an eine ganz besonders knorrige Eiche. Aber hier wirkt das alles noch deutlich gesteigert. Zuweilen verdrehen sich die Abzweige in harmonischen Windungen in sich selbst. Oft jedoch stehen sie in einem derart extrem spitzen Winkel von ihrem Erzeuger-Ast ab, dass man sich fragt: Was hat dieser Baum sich dabei gedacht, alle naselang so radikal die Richtung zu wechseln?

Süntelbuchen, denn um solch eine handelt es sich hier, sind mutierte Rotbuchen. Sie wurden nach einem kleinen Gebirgszug bei Hannover benannt, dem Süntel. Wegen ihres eigentümlichen Wuchses bezeichnete man sie in alter Zeit auch als Krüppelbuchen, Hexenbesen oder Teufelsholz. Ein Gendefekt verantwortet ihre Verwachsungen und raubt ihnen zugleich die buchentypische Standfestigkeit. Weil ihr Holz weder für den Möbelbau taugte noch sich vernünftig neben der Feuerstelle stapeln ließ, wurden die Bestände gerodet. Die von Natur aus gebeutelte Süntelbuche drohte auszusterben. Mitte des 19. Jahrhunderts jedoch entdeckten Naturliebhaber die eigentümliche Schönheit der Bäume und setzten sich fortan für ihren Erhalt ein. Die Äxte schwiegen, der arg geschrumpfte Bestand konnte geschützt und sanft erweitert werden. Das Blankenheimer Exemplar gehört zu den ältesten seiner Art. Es wurde vor über 200 Jahren gepflanzt, und zwar auf historischen Grund. Denn es waren keineswegs die Baumwurzeln, die hier den Boden hoben, sondern vorzeitliche Totengräber.

Adresse 53945 Blankenheim | **Anfahrt** Der Baum steht südwestlich von Blankenheimerdorf an der K 69/Ecke K 70. | **Tipp** Wer einmal nach Bad Nenndorf bei Hannover kommt: Im dortigen Kurpark findet sich die größte Süntelbuchenkolonie Deutschlands.

18 Der Bergbaupfad
Schwermetall aus dem Untergrund

Der Vorsatz »Blei« für die mittelalterliche Ortschaft Alve/Alue/ Alf wird 1584 erstmals erwähnt. Bleierz wurde da aber schon seit Jahrhunderten in der Region abgebaut, mindestens seit dem 11. Jahrhundert. 1158 verlieh Kaiser Friedrich I., genannt Barbarossa, dem Trierer Erzbischof das Bergregal für die Schneifel, also das Recht, die dortigen Gruben auszubeuten.

Vor allem das 16. Jahrhundert sah den Bleialfer Bergbau in voller Blüte. Wechselnde Pächter trieben die Stollen voran und hatten aufbereitetes Bleierz zentnerweise an den Erzbischof zu liefern. Der Dreißigjährige Krieg sowie die billigere Konkurrenz der früher industrialisierten Länder bedeuteten herbe Einschnitte. Erst 1856 belebte sich die Konjunktur wieder, als der Bonner Jacob Marc die Grube »Neue Hoffnung« übernahm. Hatte man einst die ersten 400 Meter des Stollens noch mit Schlägel und Eisen in den Fels getrieben, so kamen nun Dampfmaschinen zum Einsatz. In der zweiten Hälfte des 19. Jahrhunderts arbeiteten hier zeitweise mehr als 1.000 Bergmänner. Seit 1987 ist der Mühlenberger Stollen der Grube »Neue Hoffnung« für Besucher geöffnet. Sämtliche anderen Stollen und Schächte rund um Bleialf sind längst geschlossen, verfüllt oder abgetragen. Wer seine Untertagetour im Besucherbergwerk jedoch lehrreich ergänzen will, kann den Bleialfer Bergbaupfad erwandern. Die Route beginnt direkt am Bergwerk und führt über sehr montan klingende Stationen wie »Lichtloch 1«, »Aspend-Schacht« oder »Haldewasserlösungsstollen Brandscheid« wieder dorthin zurück. An der Markierung »Dickheck-Schächte« kann man sich für eine Verlängerung der Route (neun statt drei Kilometer) entscheiden. Auf dieser gelangt man, am Alfbach entlang, bis nach Niederlascheid. Dabei passiert man unter anderem eine versteckt am Waldrand liegende Köhlerhütte – Holzkohle benötigte man zur Verhüttung in rauen Mengen.

Adresse Besucherbergwerk »Mühlenberger Stollen«, Hamburg 1, 54608 Bleialf, www.besucherbergwerk.bleialf.org | **Anfahrt** vom Ortszentrum südlich auf der L 12/Brandscheider Straße Richtung Brandscheid | **Öffnungszeiten** Mai–Okt. Sa, So 14–17 Uhr | **Tipp** Um Blei geht es auch im heutigen Besucherbergwerk »Grube Wohlfahrt« in Rescheid (siehe Band 1, Ort 91).

19 Der Jüdische Friedhof
... mit dem seltsamen Baum

Eine erste jüdische Siedlung in Hellenthal und Umgebung entstand spätestens im frühen 18. Jahrhundert. Der Graf von Salm-Reifferscheid war knapp bei Kasse, da kamen ihm jüdische Zuzügler gerade recht. Auf seinem Land leben durften sie nur gegen eine Zahlung jährlicher Schutzgelder. Die Begeisterung seitens der Juden blieb zunächst mäßig, aber um 1900 hatte sich eine kleine Gemeinde etabliert. Eröffnet 1894, zählt man auf dem Friedhof am Zengelsberg heute 46 Grabsteine. Zu Lebzeiten waren die Menschen hier vor allem Metzger, Vieh- und Textilhändler. Nach der Schließung 1937 wurde der Friedhof geschändet. Im Krieg gingen Bomben auf ihn nieder, sämtliche Grabsteine fielen um. Nach 1949 schließlich machte man sich an die Wiederherrichtung und stellte 1988 einen Gedenkstein auf. Heute schützt eine Laubhecke das abschüssige Areal, gesäumt von hohen Bäumen. Bänke laden dazu ein, sich ein paar Gedanken über Vergangenheit und Zukunft, über Rassismus und friedliches Miteinander zu machen. Ihren Gottesdienst feierten die Hellenthaler Juden über viele Jahrzehnte in Privathäusern. Bis man 1904 die Blumenthaler Synagoge einweihte, diente das Haus von Kappel Kaufmann als Betsaal. Kappel, eine deutsch-jüdische Koseform des alttestamentarischen Namens Jakob, arbeitete als Handelsmann und starb 71-jährig am 18. Juni 1890. Laut Epidat, der epigrafischen Datenbank zu jüdischen Grabinschriften, galt er als »aufrechter und lauterer Mann. Er wirkte Gutes all seine Tage, es weinten ihm nach seine Gattin und seine Kinder und all seine Bekannten. Seine Seele sei eingebunden in das Bündel des Lebens.«

Dies sei zitiert, weil Kappel Kaufmanns Grab das auffälligste im Geviert ist. Wie ein Krake hat sich eine Esche über den oberen Rand des Grabmals geschoben. Man vermutet, dass es sich um den abgestorbenen Trieb eines auf Grabeshöhe zusammengewachsenen Zwillingspaares handelt.

Adresse Am Zengelsberg, 53940 Blumenthal | **Anfahrt** vom Ort aus auf der B 265/ Schleidener Straße gen Hellenthal fahren, der Beschilderung folgen | **Tipp** Während des Zweiten Weltkriegs wurden hier auch sowjetische Tote begraben, die man später auf die Sowjetische Kriegsgräberstätte bei Rurberg umbettete (siehe Ort 90).

BOLLENDORF

20_ Der Grenzstein
Als Luxemburg zu Österreich gehörte

Die sogenannte Bollendorfer Schweiz ist ein Naturspektakel sondergleichen. Wären Howard Hawks und John Ford hierzulande aufgewachsen, sie hätten ihre Western genau dort gedreht. Massive wie Lingelslay, Kreuzlay und Eulenhorst bieten schönste Aussichten, während man in der »Grünen Hölle« durch eine 15 Meter hohe, senkrecht aufragende Schlucht marschiert, die kaum einen Meter breit ist. Da wird der Waldspaziergang zum Abenteuer, im Dunkeln möchte man dort nicht begraben sein.

Neben diesen von der Natur geformten Sehenswürdigkeiten stößt man im Wald zwischen Bollendorf und Wallendorf außerdem auf ein von Menschenhand geschaffenes Werk: den Maria-Theresien-Stein. Das Bollendorfer Gemeindegebiet grenzt unmittelbar an die Sauer und damit an Luxemburg. Mit dem Maria-Theresien-Stein kommt jedoch noch ein weiteres Land ins Spiel, nämlich Österreich. Der historische Hintergrund: Maria Theresia (1717–1780) war als Kaiserin von Österreich zugleich Herzogin von Luxemburg. Mit wenigen Unterbrechungen herrschten die jeweiligen Köpfe des Hauses Habsburg seit 1482 zugleich über Luxemburg. 1795 wurde das Herzogtum zunächst französisch, bevor es in der zweiten Hälfte des 19. Jahrhunderts seine Unabhängigkeit erlangte.

Jahrhundertelang hatte lediglich ein hölzernes Kreuz die Grenze zwischen den Ländereien der nahen Abtei Echternach und der Grafschaft Vianden markiert. Die Kaiserin jedoch ließ den Landstrich neu vermessen und kartografieren, statt des Kreuzes wurde 1771 der heutige Stein aufgestellt. Der wuchtige Quader ist gut einen Meter hoch und 80 Zentimeter breit. Nach Osten hin ist das Wappen des Heiligen Römischen Reiches eingemeißelt, der Doppeladler. Auf der Westseite weist der Stein das Wappen der Viandener Grafen auf. Die beiden seitlichen Kreuze brachten dann jene an, denen die Eifel durch den Wiener Kongress von 1815 zugefallen war: die Preußen.

Adresse 54669 Bollendorf | **Anfahrt** auf der Wallendorfer Straße gen Wallendorf, Wegbeginn am rechts gelegenen Wanderparkplatz | **Tipp** Eine Auswahl an Wanderwegen zu den genannten Felspartien findet man unter www.bollendorf.de. Sehenswert ist auch das Ferschweiler Plateau östlich von Bollendorf.

21 Die alte Propstei
Messwein fürs Mutterhaus

Buchholz erreicht man zwei Kilometer südlich von Weiler, es wirkt jedoch noch einmal deutlich »weileriger«: Auf den Wiesen grasen Pferde, Misthaufen dampfen vor den Scheunen, Hunde laufen frei durch die Straßen. Der Blick schweift über Gehöfte und Häuschen, um dann jedoch an einem eindrucksvollen Gebäude hängen zu bleiben, das man hier nicht vermutet hätte. Hinter hofartig angeordneten Bruchsteinhäusern samt einem alten Brunnen ragt dort die Westfassade der ehemaligen Propstei Buchholz auf. Ihre barocke Struktur stammt aus dem Jahr 1683, aber die Geschichte der Großkirche ist deutlich älter.

Propsteien waren ursprünglich Klöster mit einem vorstehenden Propst, zugleich bezeichnet das Wort dessen Zuständigkeitsbereich. Die Buchholzer Propstei entstand Anfang des 12. Jahrhunderts als Dependance der Benediktinerabtei (Mönchengladbach). Ihre oberste Aufgabe war die Versorgung des Mutterhauses mit Messwein – eine Pflicht, über die es offenbar häufig zu Streitereien kam. Die abteieigenen Weinhänge am unfernen Gleeser Bach wurden noch bis ins 18. Jahrhundert hinein bebaut. Aber da war es mit der Propstei in Buchholz längst den Bach hinuntergegangen. Lothringische Truppen hatten das Anwesen 1644 im Rahmen des Dreißigjährigen Krieges geplündert. Mangels Ressourcen für den Unterhalt wurde das westliche Langhaus abgebrochen und mit der erwähnten Barockfassade geschlossen. 1802 schließlich lösten die französischen Besatzer die Propstei auf. Die Kirche St. Servatius diente fortan als Scheune.

1951 wäre es beinahe ganz vorbei gewesen mit der 900-jährigen Tradition. Ein Brand verwandelte den Bau in eine Ruine, sie stand kurz vor dem Abriss. Engagierte Bürger jedoch setzten ab 1972 einen Restaurierungsschub in Gang, der bis heute anhält. Und wo man sich früher zum Gebet einfand, stehen inzwischen Konzerte zwischen Klassik und Rock auf dem Programm.

Adresse 56559 Buchholz, www.propstei-buchholz.de | **Anfahrt** von der B 412 in Weiler aus über Haupt- und Jahnstraße zwei Kilometer gen Süden | **Öffnungszeiten** während der Veranstaltungen in der Propsteikirche (siehe Website) oder mit Voranmeldung unter Tel. 02636/941300 | **Tipp** Die Vögte der Gladbacher Mutterabtei residierten auf dem nahen Schloss Burgbrohl, heute ein schickes Hotel-Restaurant (www.schloss-burgbrohl.de).

22 Der Fliegerhorst
»Hopp, hopp, hopp, Atomraketen stopp!«

Angesichts der Protestplakate fühlt man sich an die frühen 1980er Jahre erinnert. In der Hochphase der Friedensbewegung demonstrierten Hunderttausende in der damaligen Bundeshauptstadt Bonn gegen die Nachrüstung der NATO, gegen Pershing-II-Raketen und den amerikanischen Cowboypräsidenten Ronald Reagan. Die Spruchbänder am Fliegerhorst Büchel stehen in unmittelbarer Tradition jener Aktionen: »Büchel ist überall – atomwaffenfrei jetzt«, heißt es dort. Aber geht es dort wirklich um Atomwaffen?

Wer durch die idyllische Naturlandschaft westlich von Büchel streift, denkt an alles andere als den Krieg. Aber bereits in Zeiten des Zweiten Weltkrieges befand sich hier eine V1-Abschussrampe (siehe Ort 54). Die französische Besatzungsmacht belegte das erhabene Areal 1954 mit einem Militärflugplatz. Im Folgejahr trat die Bundesrepublik der NATO bei und übernahm den Fliegerhorst mit 250 Soldaten. Die Funktion des Standorts wechselte danach häufig. Mal diente er als Luftwaffenschule, mal als Revier eines Jagdbombergeschwaders. Die ersten Exemplare des so umstrittenen wie anfälligen Starfighters erreichten Büchel 1962. Die letzte, 1985 geflogene Maschine steht heute am Haupttor, fortan übernahmen Tornados die Rolle der »Sternenkämpfer«.

Dass in der Südosteifel amerikanische Atomwaffen lagern, ist selbstverständlich nie offiziell bestätigt worden. Andererseits bestreitet aber auch niemand, dass sich in den Bunkern von Büchel die deutschlandweit letzten atomaren Sprengköpfe befinden. In Fachkreisen geht man davon aus, dass es sich um raketenartige Bomben des Typs B 61 handelt – zum Teil wurden hier die Gefechtsköpfe der Pershing II wiederverwendet. Die Sprengkraft von 340 Kilotonnen TNT entspricht in etwa dem 26-Fachen der Hiroshima-Bombe. Da beruhigt es nicht wirklich, dass die Freigabe zum Abfeuern einem einzigen Menschen obliegt – dem amerikanischen Präsidenten.

Adresse 56823 Büchel | **Anfahrt** Der Horst liegt an der B 259, einen Kilometer westlich von Büchel. | **Öffnungszeiten** Das Militärgelände ist umzäunt und nicht zugänglich. | **Tipp** Deutlich entspannter und spaßorientierter geht es im nahen Wild- und Freizeitpark Klotten an der Mosel zu (www.klotti.de).

23 Der Milchstraßenweg
Welsche Haube, Schwarzes Loch

1972 wurde das Radioteleskop Effelsberg eingeweiht. Was zunächst nur der wissenschaftlich-astronomischen Forschung diente, hat sich heute zu einem touristischen Highlight der Eifel entwickelt. Auch bei wiederholtem Besuch ist der Anblick dieser gen Himmel gerichteten, 100 Meter im Durchmesser großen Schale beeindruckend. Über die Jahre strahlte das Teleskop dann auch in die Umgegend aus, es entstanden mehrere darauf fokussierte Wanderrouten. Eine davon trägt den schönen Namen Milchstraßenweg.

Startpunkt des unterhaltsamen Pfades ist das Burghaus in Burgsahr, einem Ortsteil von Kirchsahr. Der zweigeschossige Bruchsteinbau aus dem 17. Jahrhundert verfügt an der Hofseite über eine sogenannte »welsche Haube«, die einst einen Seilzug beherbergte. Eine Schautafel informiert über den Verlauf der Route, die hier zunächst einmal das Sahrbachtal gen Binzenbach durchquert. Der Milchstraßenweg entstand als Kooperation des Freundeskreises Sahrbachtal mit dem Max-Planck-Institut für Radioastronomie aus Bonn, das auch das Teleskop am Effelsberg unterhält. Um den Wanderspaß mit Wissenswertem aufzupeppen, bildet der Weg die Entfernung der Planeten im ungeheuren Maßstab 1:100 Billiarden ab. Ein Kilometer markiert so 10.000 Lichtjahre, die gesamte Milchstraße hat dementsprechend einen Durchmesser von zehn Kilometern. 18 Tafeln informieren den Wanderer darüber, wie er dem »Zentrum der Milchstraße« allmählich näher kommt. Nach 2,5 Kilometern (beziehungsweise 25.000 Lichtjahren) hat er sein Ziel schließlich erreicht. Befände man sich an dieser Stelle tatsächlich im Mittelpunkt unserer Galaxis, wirkten hier die Kräfte eines monströsen Schwarzen Lochs von dreimillionenfacher Sonnenmasse. Da fischt man sich besser seinen mitgebrachten Milchshake aus der Kühltasche – und rudert ganz gelassen zurück von der Astro- zur Gastronomie.

Adresse Burgstraße 1, 53505 Burgsahr, www.mpifr-bonn.mpg.de | **Anfahrt** von der L76 zwischen Kreuzberg und Binzenbach in die Burgstraße und über den Sahrbach | **Öffnungszeiten** Teleskop/Besucherzentrum siehe Website | **Tipp** Neben dem Milchstraßenweg kann man zudem den Planetenweg (zu Objekten unseres Sonnensystems) und den Galaxienweg (zu Galaxien und Quasaren) bewandern (siehe Website).

24 Die Pützlöcher
Ein antikes Kupferbergwerk

Ein »Pütz« ist im Rheinischen ein Wasserreservoir, am ehesten ein Brunnen. Genau so sehen auch diese Löcher aus, die man im Wald bei Butzweiler findet: kreisrund mit Durchmessern von rund 1,20 Metern und senkrecht in die Tiefe gehend. Im zweiten Moment muss man sich jedoch fragen, warum sie in den harten Fels gehauen wurden statt in weiche Erde. Und warum gleich neun von ihnen auf kaum 30 Quadratmetern zu finden sind. Und dann reift langsam die Erkenntnis, dass es sich hier nicht um Brunnen, sondern um Bergbauschächte handelt.

Die Geschichte der Pützlöcher reicht weit zurück und beginnt mit den Römern. Keramikfunde deuten darauf hin, dass sie im 2. Jahrhundert abgeteuft wurden. In Tiefen von sieben bis 20 Metern suchte man in Butzweiler nach Malachit und Azurit, beides Kupfercarbonate. Stießen die Bergmänner auf eine Ader, begannen sie ab der Fundstelle in die Waagerechte zu arbeiten. Besonders reichhaltig scheint das Vorkommen allerdings von Beginn an nicht gewesen zu sein. Forscher gehen davon aus, dass hier maximal 250 Kilogramm pro Jahr gefördert wurden. Vermutlich wanderte das Material ins benachbarte Kordel und diente in der dortigen Glashütte zum Färben. Um das Jahr 180 endete die Untertagearbeit, das Areal mutierte zum Steinbruch. Römische Zahlen und Inschriften sind bis heute lesbar, eine hier gefundene Münze stammt aus der Zeit des Kaisers Maximinus Thrax (235–238).

Wohl rund 1.500 Jahre lang lag das Areal brach, bevor man im 18. Jahrhundert erneut die Arbeit aufnahm. Aus dieser Zeit stammt auch der 114 Meter lange Stollen, vor dessen – verschlossenem – Eingang der Besucher von heute zunächst landet. Im Gegensatz zum hier gewonnenen Kupfer hinterließ der Steinbruch nachhaltige Spuren: Brocken aus Butzweiler findet man an der antiken Porta Nigra ebenso wie am Kölner Dom, dem Berliner Reichstag und dem Leipziger Hauptbahnhof.

Adresse 54309 Butzweiler | **Anfahrt** von Butzweiler aus über den Ramsteiner Weg bis zum Wanderparkplatz | **Öffnungszeiten** Das Gelände kann frei begangen werden, der Stollen nur im Rahmen von Führungen (www.heimatverein-butzweiler.de). | **Tipp** Die Pützlöcher passiert man auch auf dem zehn Kilometer langen Römerpfad zwischen Butzweiler und Kordel (www.roemerpfad.de).

25 _ Die Wasserdell
Ein Steg durchs Moor

Unsere Vorfahren fürchteten das Moor. Der Wald war dicht, ausgebaute Wege und Straßenlaternen existierten nicht. Wer in Moorgebieten vom Weg abkam, musste um sein Leben fürchten – Moorleichen zeugen von den Risiken der Wanderer. Wegen der Gefahr, aber auch zur Urbarmachung der Feuchtgebiete, grub der Mensch ihnen das Wasser ab. Die sogenannte Wasserdell bei Dahlem etwa wurde im 20. Jahrhundert durch Gräben entwässert. Jahrhundertelang hatten weidende Schafe das Hochwachsen von Bäumen verhindert. Nun jedoch wurde das Gelände mit Fichten bepflanzt, die der angestammten Flora das Licht nahmen. Ein Sakrileg, wie heutige Umweltschützer finden, ging doch so eine historische Landschaftsform beinahe gänzlich verloren. Deshalb beschloss man 2006, radikal zurückzurudern. Was einst aus Angst zerstört wurde, wird nun aus Faszination und Naturliebe wieder aufgebaut. Die Nadelbäume am Moorbach wurden gefällt, um Platz zu schaffen für die typische Moorflora, die dort früher wuchs. Die wieder heimisch gewordenen Pflanzen der Wasserdell tragen so schöne Namen wie Glockenheide, Moorlilie, Rundblättriger Sonnentau, Dreizahn oder Sumpfveilchen. Damit der Besucher sie heute gefahrlos bewundern kann, baute man einen Bohlensteg quer durchs Moor. Er führt an einem durch Anstauung des Moorbaches entstandenen Teich vorbei und zu einem kleinen Erlenbruchwald.

Wandelt man über diesen hölzernen Steg, kommen schnell Gedanken an die düstere Zeit auf. Man blickt nach unten und überlegt, wie tief man an dieser Stelle wohl einsänke. Aber in Gefahr ist inzwischen nicht mehr der Mensch, sondern stattdessen jede moorfremde Pflanze, die hier einzudringen versucht. Das Torfmoos speichert nicht nur das hiesige Wasser – 25 Mal so viel wie sein Eigengewicht –, sondern sorgt durch einen chemischen Prozess auch für die Säuerung des nassen Elements. Und dies so intensiv, dass hier kaum ein Konkurrent überlebt.

Adresse 53949 Dahlem | **Anfahrt** vom Ortszentrum aus über die Schulstraße bis zum Wanderparkplatz Wasserdell | **Tipp** Den relativ kurzen Bohlenweg kann man ab dem Parkplatz durch den Rundweg Dahlemer Moorpfad auf neun Kilometer verlängern (www.nordeifel-tourismus.de).

26 — Der Ehrenfriedhof
Stilles Gedenken statt Pathos

Auf dem Weg hinauf kommt man zunächst durch ein kleines, verwunschenes Waldstück. Ein Moosteppich hat sich darübergelegt, als wolle er die Schritte der Besucher dämpfen. Die Erhebung im Südwesten der Ortschaft krönte früher eine barocke Kapelle. Im Jahr 1954 begann man jedoch mit dem Bau eines Soldatenfriedhofs. Über 3.000 deutsche Gefallene, vornehmlich der Ardennenschlachten, liegen hier begraben. Zum Zeitpunkt der Einweihung 1959 war der Daleidener Friedhof der größte Soldatenfriedhof der Bundesrepublik.

Die Männer dort starben für ein Unrechtsregime. Denkmäler zum Zweiten Weltkrieg bleiben deshalb in Deutschland stets eine zwiespältige Angelegenheit. Der Daleidener Ehrenfriedhof jedoch hat nichts Martialisches und ist frei von militärischem Pathos. Eher erinnert diese offene Halle an ein antikes Tempelgebäude. Die massiven Säulen samt Auflagen weisen sogar noch weiter zurück: So mancher mag bei ihrem Anblick an die jungsteinzeitliche Anlage im englischen Stonehenge denken, die wohl ebenfalls einen spirituellen Hintergrund hat. Beeindruckend dann auch der Eintritt ins Hallenrund. Die dort platzierte Pietà stammt aus der Werkstatt des Wittlicher Bildhauerpaares Waltraud und Silvio dell'Antonio-Kunsmann, das in der gesamten Eifelregion vielfältig tätig war. Die Muttergottes als Mater Dolorosa mit Jesu Leichnam steht hier sinnbildlich für alle Mütter, deren Söhne im Krieg umkamen. Das aus Basalt gefertigte Kunstwerk belässt es bei groben Zügen, auch die Körper wurden flächig und beinahe eckig aus dem Stein gearbeitet. Die Darstellung evoziert stilles Gedenken, und die Weite der Landschaft tut ein Übriges, um den Frieden des Ortes zu befördern. Um die Halle herum gruppieren sich sodann sehr harmonisch die Gräberreihen. Sie wurden kreisförmig angelegt, durch Pfade erschlossen und fallen mit dem Hügel sanft zu allen Seiten ab.

Adresse Hauptstraße 54, 54689 Daleiden, www.daleiden.de | **Anfahrt** südlich des Ortes an einem Nebenzweig der Hauptstraße, der Beschilderung folgen | **Tipp** Von den dell'Antonio-Kunsmanns stammen unter anderem auch der Wittlicher »Säubrennerbrunnen« auf dem Pariser Platz, der »Schweinchenbrunnen« bei der Sparkasse und der Brunnen am Platz an der Lieser.

27 _ Die Kaffeemühlen
Manuelles Mahlen im Caféhaus Schuler

Eine echte Rarität ist die Mühle mit dem länglich abstehenden Brett. Es bildet die Verlängerung des Mühlenbodens und dient als Sitz. Was zunächst überraschend klingt, leuchtet nach der Demonstration durch den Caféhausmeister vollkommen ein. Der klassische, also manuelle Bohnenmahler muss sein Gerät zwischen die Knie klemmen und sodann den Schwengel drehen. Das kann schon einmal schmerzhaft sein, es ist definitiv wackelig, und außerdem wird dabei Kraft vergeudet. Die namenlose, rund hundert Jahre alte Sitzbrettkaffeemühle hingegen stabilisiert den Mahlvorgang. Körper, Kraft und Kaffeemühle verschmelzen zu einer harmonischen Einheit.

Heinz Schuler hat in den 1980er Jahren damit begonnen, Handmühlen zu sammeln. Die Idee liegt nahe in einem Haus, das der altehrwürdigen Caféhauskultur huldigt, wie man sie vor allem aus Wien kennt. Heutzutage sind sämtliche Wände des Theken- wie Cafébereiches geschmückt mit Mühlen aller Art und jeglicher Provenienz. Farben und Formen variieren, aber eines ist allen Geräten gemeinsam: Sie kosten keinen Strom, sondern werden ganz traditionell per Körperkraft betrieben. Dass die Sammlung im 1935 etablierten Caféhaus Schuler inzwischen auf rund 600 Exemplare angewachsen ist, verdankt sich nicht zuletzt dem Untergang der DDR. Moderne Küchengeräte waren dort – wie so vieles – Mangelware und für viele Menschen kaum erschwinglich. Deshalb hielt man sich im deutschen Osten an die Relikte aus Omas Küchenschrank. Die Kaffeemühle wurde gehegt und gepflegt. Als sie nach der Wende dank Karstadt, Kaufhof und Co. ausgedient hatte, kamen Liebhaber wie die Schulers ins Spiel. Dutzende Altertümchen fanden den Weg in die Vulkaneifel, wo sie ein wohlbehütetes Dasein fristen. Und nicht nur das, denn zuweilen kommen sie sogar noch zum Einsatz. Auf Wunsch kann sich der Gast im Caféhaus Schuler sein Pulver selbst mahlen – der Kaffee schmeckt danach umso besser.

Adresse Caféhaus Schuler, Leopoldstraße 1, 54550 Daun, www.cafeschuler.de | **Anfahrt** Die Leopoldstraße liegt mitten im Zentrum, das Caféhaus an der Ecke Burgfriedstraße. | **Öffnungszeiten** Mo–Fr 9.30–18 Uhr, Sa 10–18 Uhr, So 12–18 Uhr | **Tipp** Kaffeefreunde können sich auch in der Dauner Kaffeerösterei mit guter Bohne eindecken (Wirichstraße 16a, www.dauner-kaffeeroesterei.de).

28 Die Rothirsch-Empore
Ein Naturfilm im Freilichtkino

Noch immer durchzieht eine schnurgerade Panzerstraße die auf rund 600 Metern liegende Hochfläche bei Dreiborn. Bis Ende 2005 gehörte sie zum großflächigen Truppenübungsplatz Vogelsang. Ab 1946 von den Briten genutzt, kam er 1950 unter belgische Verwaltung. Große Teile der 33 Quadratkilometer umfassenden Dreiborner Hochfläche werden auch in Zukunft wegen verstreuter Kampfmittel gesperrt bleiben. Vom Dörfchen Dreiborn aus jedoch gelangt man zu einem schönen Aussichtspunkt, von dem aus man weite Teile des Areals überblickt.

Die Rothirsch-Empore erreicht man über einen Holzsteg, der den Panzerstraßengraben überbrückt. Von dort aus tritt man dann in eine Art Kinosaal ein. Und was dort gezeigt wird, ist ein Naturfilm. Viel los ist in den wenigen Reihen dieses Open-Air-Kinos selten. Der Film läuft 24 Stunden am Tag, kennt keinerlei hektische Schnitte, und auch die »Action« ist begrenzt. Das liegt unter anderem daran, dass die Hauptdarsteller dieses Streifens nur nach Gusto erscheinen. Die Rothirsche der Dreiborner Hochfläche lassen sich eben bitten, bevor sie auf die Bühne treten. Aber selbst an wildfreien Tagen ist der Besuch dieses Naturtheaters ein Genuss. Die Ruhe der Regie verschafft dem Besucher die Gelegenheit, allein oder zu zweit eine kontemplative Zeit zu verbringen. Manchmal fegt der Wind über die Hochebene, vor allem im Herbst und Winter ist man hier nahe bei den Elementen. Die Chancen, tatsächlich Hirsche zu erspähen, sind in den frühen Morgenstunden und abends am größten. Und übers Jahr vor allem zur Brunftzeit, im September und Oktober. Dann röhren die männlichen Tiere um die Wette, um die Hirschkühe zu betören. Was zu beachten ist, listet eine Schautafel auf – Verhaltensregeln, die sich auch Städter hin und wieder zu Herzen nehmen könnten: »Gedeckte und geräuscharme Kleidung tragen. Nicht sprechen. Telefone ausschalten.«

Adresse Georgstraße, 53937 Dreiborn | **Anfahrt** vom Wanderparkplatz an der Georgstraße etwa 300 Meter bis zur Aussichtsempore | **Tipp** Von Dreiborn aus gelangt man in wenigen Autominuten (zu Fuß: eine Stunde) zur Wüstung Wollseifen, ebenfalls ein ganz besonderes Relikt der Nachkriegszeit (siehe Band 1, Ort 34).

29 Die Brücken-Statue
Johannes Bertels – Abt, Chronist, Entführungsopfer

Als man 1998 in Echternach den 1.300sten Geburtstag der berühmten Abtei feierte, kam unter anderem ein Musical zur Uraufführung. Die vertonte Chronik namens ORALABORA hüpfte von einem historischen Highlight zum nächsten. In der frühen Neuzeit angelangt, hieß es im Programmheft: »Um 1600 gibt es dann von einer wahren Räuberpistole zu berichten: die heimtückische Entführung des Abts Bertels durch niederländische Freibeuter.«

Hintergrund der unerhörten Aktion waren die religiösen Spannungen in der Folge der Reformation. Immer wieder flammten auch gewaltsame Konflikte zwischen Katholiken und Protestanten auf – nicht zuletzt in den Niederlanden, wo Calvinisten gegen die spanisch-katholische Krone kämpften. Davon betroffen waren auch die benachbarten Regionen, das heutige Luxemburg und die südwestliche Eifel. Gegen Ende des 16. Jahrhunderts machten niederländische Banden die Gegend unsicher, vorgeblich im Dienst des Calvinismus, aber selbstverständlich auch, um sich zu bereichern. Ihr prominentestes Opfer wurde der Abt von Echternach, Johannes Bertels.

Der 1544 in Löwen geborene Benediktiner wirkte ab 1574 als Vorsteher der luxemburgischen Abtei Münster. 1595 ernannte ihn König Philipp II. von Spanien zum Abt von Echternach. Bereits im Jahr darauf jedoch überfielen niederländische Freibeuter die Abtei und entführten Bertels nach Nijmwegen. Erst gegen eine Zahlung von 16.000 Talern kam er wieder frei.

Die Statue des Johannes Bertels steht heute mittig auf jener Brücke über die Sauer, die das deutsche Örtchen Echternacherbrück mit dem luxemburgischen Echternach verbindet. Bildhauer Charles Kohl entschied sich für fließende Linien, das offene Buch in Bertels' Händen ist nicht beschriftet. Naheliegend jedoch, es für seine »Historia Luxemburgensis« zu halten. Das 1605 in Köln verlegte Kompendium gilt als die erste Geschichte Luxemburgs.

Adresse 54668 Echternacherbrück | **Anfahrt** Die zentrale Brücke verbindet Deutschland mit Luxemburg. | **Tipp** Bertels alte Abtei ist von der Brücke aus fußläufig erreichbar.

30_ Der Decke Tönnes
... oder: Die Versuchungen des heiligen Antonius

Vor allem an Sommertagen ist es eine echte Herausforderung, sich dem Decken Tönnes zu nähern. Unter dem Vordach seines kleinen Hauses staut sich die Hitze, und dann brennen dort auch noch Dutzende von Kerzen. Mit anderen Worten: Angesichts dieses Heiligen gerät man ins Schwitzen. Das winzige Kapellchen liegt einsam am Straßenrand, auf der Kuppe eines Hügels und rundum von Wald umgeben. Trotz der isolierten Lage jedoch handelt es sich hier um eine intensiv besuchte Pilgerstätte. »Dick« ist der Tönnes eigentlich nicht, da wölbt kein Wanst das fußlange Gewand. Aber groß ist er, beinahe wie ein ausgewachsener Mann. Und hinzu kommt, dass die hölzerne Figur bis um 1900 frei auf einem hohen Sockel stand. Erst dann wurde hier das Kapellchen errichtet und die fehlende linke Hand samt Bibel sowie der verschwundene Hirtenstab ergänzt. Das Geld dafür soll, so die Informationstafel vor Ort, von einem »Handelsjuden oder Bauern aus der Umgebung« gekommen sein.

Sein Name ist dialektal begründet: Was der Toni den Bayern und der Tünnes den Kölnern, ist den Nordeifelanern der Tönnes. Allesamt stehen sie für den heiligen Antonius – allerdings nicht den von Padua, sondern jenen von Ägypten (3./4. Jahrhundert). Der lebenslange Eremit gilt als Begründer des christlichen Mönchtums. Besonders bekannt wurde er durch die quälenden Visionen, die ihm angeblich der Teufel eintrichterte. Die »Versuchungen des heiligen Antonius« brachten später Maler wie Hieronymus Bosch, Matthias Grünewald, Max Ernst oder Salvador Dalí auf die Leinwand. Weil der inzwischen verschwundene Antoniusorden das frei im Dorf streunende »Antoniusschwein« etablierte, kannte man den Heiligen auch unter wenig schmeichelhaft klingenden Spitznamen wie »Fackentoni« (Süddeutschland) oder »Ferkes Tünn« (Westdeutschland). Noch heute gilt er als Schutzpatron der Metzger, Bauern und Schweinehirten.

Adresse 53902 Bad Münstereifel | **Anfahr**t an der L 234 auf halber Strecke zwischen Bad Münstereifel und Effelsberg | **Tipp** Den Roman zum Thema schrieb Gustave Flaubert: »Die Versuchung des heiligen Antonius« (1874). Sehenswert ist das nahe gelegene Radioteleskop Effelsberg.

31 Das Kleine Maar
... das eigentlich ein Moor ist

Die Bickendorfer Hochfläche ist ein lang gezogener Bergrücken aus Muschelkalk. Auf ihrem fruchtbaren Boden wird Landwirtschaft betrieben, und das Gleiche gilt für den schön geschwungenen Hügel südlich von Ehlenz. Oben angekommen, erblickt man ein kreisrundes Waldstück. Man könnte annehmen, der Bauer habe sich hier einen Windschutz eingerichtet. Wenn man sich den Purpurweiden nähert, versteckt sich da allerdings kein Schober. Stattdessen steht man vor einem tümpelartigen Gewässer. Der Bewuchs ist so dicht, dass man zwar einen Blick erhaschen, jedoch kaum ans Ufer gelangen kann. Auch der hüfthohe Brennnesselgürtel scheint eigens angelegt, um das Kleine Maar vor aufdringlichen Gästen zu schützen. Geheimnisvoll, still und schwarz liegt das Wasser dort wie in einer Zeitkapsel. Ein verwunschener Ort.

»Klein« ist das Kleine Maar tatsächlich, es misst vielleicht 15 Meter im Durchmesser. Sein zweiter Namensteil trügt hingegen. Weder befinden wir uns hier in der Vulkaneifel noch taucht der Teich in der Liste der Eifelmaare auf. Der Grund dafür ist simpel: Das Kleine Maar ist gar kein Maar, sondern ein Moor. Genau genommen handelt es sich um ein Niedermoor. Wegen seiner idyllischen Lage wurde es bereits 1978 zum Naturdenkmal geadelt, eine Ehre, die nicht vielen Mooren der Eifel erwiesen wird. Die falsche Bezeichnung könnte auf das niederdeutsche Wort »mâr« zurückgehen, mit dem das Meer, das Moor oder die Marsch gemeint sein können. Zahlreiche Feuchtgebiete in Eifel und Ville heißen Maar – allerdings ist das Wort dann, im Gegensatz zum vulkanischen Maar, weiblich. Heimatforscher weisen zudem darauf hin, dass es sich beim »Kleinen Maar« um einen Fehler bei der Übertragung ins Hochdeutsche handeln könnte. Im Eifeler Platt nämlich macht man keinen Unterschied zwischen Maar und Moor, sondern mischt die Vokale einfach dialektal durch. Und dabei heraus kommt: »Moar«.

Adresse 54636 Ehlenz | **Anfahrt** Von Ließem auf der K 47 kommend, biegt man 200 Meter vor dem Ort links in den asphaltierten Wirtschaftsweg ein. Das Kleine Maar liegt am Wegekreuz mit Bank. | **Tipp** Das nächste echte Maar ist das Meerfelder Maar bei Manderscheid.

32 — Die alte Wasserpumpe
Feuchtes Nass fürs ganze Dorf

Fährt man nach Engeln hinein, fallen die Tuffsteinhäuser ins Auge. Die versteinerte Asche erloschener Vulkane dient den Bewohnern der Eifel seit Urzeiten als natürliches Baumaterial. Gegenüber dem schwarzen Basalt ist der sehr helle, edel wirkende Tuff leichter zu bearbeiten, den berühmten Weiberner Tuff bekommt man mit den verschiedensten Schraffuren. Wie Weibern liegt auch Engeln nahe jenem Vulkan, der vor rund 13.000 Jahren ausbrach und neben dem Laacher See Abertonnen an Tuff hinterließ.

Aus behauenem Tuff besteht dann auch jenes nach vorn offene Häuschen auf dem Engelner Dorfplatz. Es erinnert vage an einen Stall, aber hier lagern weder Vieh noch Pferde, sondern eine alte Wasserpumpe. Dass die Bürger ihr einen Ehrenplatz einrichteten, hat einen guten Grund: 59 Jahre nämlich, von 1916 bis 1975, belieferte die Pumpe sämtliche Haushalte mit Trink- und Nutzwasser. Bei seiner Inbetriebnahme stand dieser eiserne Koloss nahe einer Ortschaft mit dem schönen Namen Fußhölle. Sie liegt rund einen Kilometer entfernt und zudem 180 Meter tiefer als Engeln. Der Antrieb der hydraulischen Pumpe erfolgte dort unten mit Hilfe des natürlichen Wassergefälles. Über eine steile Leitung gelangte das abgezapfte Nass sodann in einen Hochbehälter über Engeln und von dort aus zu den Engelnern. Anstrengende Arbeit jedoch fordert ihren Preis, und so gingen für jeden ins Dorf gepumpten Liter neun Liter Brauchwasser für die Hydraulik den Bach hinunter.

Als die Pumpe einer moderneren Anlage weichen musste, baute man sie auseinander und lagerte die Teile ein. Konstruktionszeichnungen gingen verloren, aber immerhin existierten ein paar alte Fotos. Diese nahmen 1996 drei engagierte Mitglieder des Engelner Bürgervereins unter die Lupe und setzten die Pumpe in 200 Arbeitsstunden wieder zusammen. Seit Anfang 1997 steht sie nun im Dorfzentrum neben einer ihrer Vorgängerinnen: einer historischen Handpumpe.

Adresse Dorfstraße, 56746 Engeln | **Anfahrt** von der B 412 Richtung Engeln und dort ins Zentrum | **Tipp** Mit vulkanischer Geschichte im Allgemeinen und Tuff im Besonderen befasst sich auch der Geogarten am Engelner Bahnhof.

ERKENSRUHR

33_ Der Schöpfungspfad
Waldesruh und innere Einkehr

Als es Anfang des Jahrtausends um die Etablierung eines Nationalparks Eifel ging, wollte sich auch die Kirche einbringen. Katholische und evangelische Vertreter gründeten 2002 das ökumenische Netzwerk »Kirche im Nationalpark Eifel« und machten sich an die Arbeit. Ein Resultat ihrer Bemühungen ist der Schöpfungspfad in Erkensruhr.

Der in einen 7,5 Kilometer langen Rundweg integrierte Pfad steht unter dem Motto »Dem Leben auf der Spur«. Seit seiner Eröffnung 2009 ermöglicht er einen spirituellen Streifzug durch diesen Teil des Nationalparks. Der Einstieg in die Wanderung kommt allerdings nicht gerade beschaulich, sondern recht spektakulär daher. Noch vor Beginn des eigentlichen Pfades steigt man durch einen imposanten Hohlweg. Mehr als zwei Meter tief haben sich hier Wind und Wetter, Mensch und Tier in den erosionsanfälligen Waldboden eingefräst. Danach dann folgt die Reise in den Wald und ins Ich – über zehn Stationen mit besinnlichen Texten zu teils inszenierten, teils vorgefundenen Naturphänomenen. »Achtsamkeit« ist etwa direkt der erste Stopp betitelt. Hier, wie auch auf den nachfolgenden Tafeln, stammt je ein Begleittext aus kirchlichem und weltlichem Zusammenhang. Schön zum Beispiel der Vers von Hermann Hesse zum Thema »Dunkelheit und Licht«, der da lautet: »Wahrlich, keiner ist weise, / Der nicht das Dunkel kennt«. Wo die Bäume sich lichten, wurde aus groben Steinen ein Labyrinth ausgelegt, das für die Irrwege des Lebens steht (siehe auch Ort 100). Ganz dem Wald gewidmet wiederum ist die Station 6, getauft »Zwischen Himmel und Erde«. Hier bietet das »Baumgedicht« des Aacheners Werner Kallen Anlass für eine meditative Lesung. »lass meine füße / in die erde wurzeln / und meine arme / in den himmel wachsen«, beginnt der promovierte Theologe sein Poem, um zu enden mit den Versen: »lass mich / in wildem garten wachsen / und meine krone nicht beschneiden«.

Adresse Hirschrott, 52152 Erkensruhr | **Anfahrt** vom Wanderparkplatz Finkenauel auf dem Hirschrott bis zum Einstieg am Ferienhaus Waldstube | **Tipp** Das Netzwerk »Kirche im Nationalpark« bietet spirituell begleitete Wanderungen auf dem Schöpfungspfad an (www.kirche-im-nationalpark.de).

34 Die Bunkerdecke
Von der Horizontalen in die Vertikale

Die Kreuzwegstationen bestehen aus rosafarbenem Sandstein. Die wiederkehrende Christusfigur ist ebenso bunt bemalt wie die römischen Schergen und jene Frauen, die um den Toten trauern. Jesus wird vom Kreuz genommen, üblicherweise das Programm des 13. Bildstocks: Man sieht blaue Kopftücher, rote Münder, wallende grüne Kleider. Die leuchtenden Farben könnten keinen größeren Kontrast bilden zu der Wand, vor der sie stehen. Die nämlich ist eintönig grau, abgesehen von einigen gelblichen Flechten. Zahllose Risse haben sich wie Krater ins Material gegraben, die einzelnen Elemente wirken wie lose aufeinandergefügte Puzzlestücke.

Man könnte vermuten, diese Verwüstung habe einst ein Erdbeben angerichtet, das das Gebäude nur wegen seines soliden Fundaments überstehen konnte. Aber dann geht man um die Ecke und ist erstaunt: Es handelt sich hier nicht um ein Haus, stattdessen steht diese Wand völlig allein da. Die Lösung des Rätsels: Der seltsame Findling wurde durch eine Explosion aufgerichtet. Die rund sieben Meter hohe Mauer lag nämlich einst waagerecht und diente als Decke eines Bunkers – einer von über 18.000, die für Hitlers ominösen Westwall errichtet worden waren. Kampfhandlungen haben hier nie stattgefunden. Aber als die Alliierten vorrückten, diente der einstige Mannschaftsbunker den Einheimischen als Schutz vor deren Granatbeschuss. 1948 dann machten sich die französischen Sieger daran, den Bau in die Luft zu jagen. Zu ihrer Überraschung jedoch riss die Explosion die Decke nicht in tausend Stücke, sondern richtete sie auf: kerzengerade und mit klaren Kanten.

Beinahe ein Wunder, und für diesen Bereich ist bekanntlich die Kirche zuständig. So nimmt es denn gar nicht wunder, dass es der Pastor war, der vorschlug, hier einen Kreuzweg einzurichten. Seit seiner Einweihung 1992 nennen ihn die Eschfelder den »Kreuzweg an der Bunkerdecke«.

Adresse 54619 Eschfeld, www.eschfeld.de | **Anfahrt** Bunker an der Straße Richtung Sengerich, ein wenig außerhalb des Dorfes, der Beschilderung folgen | **Tipp** Eine weitere Eschfelder Attraktion ist die bunt ausgemalte Kirche St. Luzia (siehe Band 1, Ort 39).

35 — Die Viez-Kellerei
Sauer macht lustig

Immer wieder beeindruckend, dieser Anblick großer Eichenfässer. Was darin an chemischen Prozessen stattfindet, muss nicht jeder verstehen. Vergorene Äpfel – das klingt eher nach fauligem Geruch als nach etwas Trinkbarem. Aber wichtig ist, was am Ende dabei herauskommt. Und das ist eine regionale Spezialität, die man in der Eifel, im Saarland und in Luxemburg Viez nennt. Über die Herkunft des Wortes gibt es unterschiedliche Meinungen. Einig ist man sich darüber, dass das lateinische »vice« einst Pate stand – »vice vinum« bedeutet »anstelle von Wein«. Die einen jedoch meinen, bereits die Römer hätten hierzulande eine Art Ersatzwein getrunken, viel saurer als der bei ihnen zu Hause. Eine Trierer Lesart besagt wiederum, dass der Apfelwein die billige Werktagsvariante des Tafelweins gewesen sei, den man im 17. Jahrhundert den Kranken im Hospital reichte. In eine ähnliche Kerbe schlägt die Theorie, Viez sei von jeher das Getränk der armen Schlucker gewesen. Möglicherweise handelte es sich dabei nicht einmal um echten Obstwein, sondern um einen Aufguss – mit Trester angereichertes Wasser, das nach einer gewissen Standzeit als weinähnlich durchging.

In Eschfeld nahe der luxemburgisch-belgischen Grenze blickt man auf eine über 30-jährige Erfahrung mit der Viez-Herstellung zurück. Schritt für Schritt arbeitete sich die Obstweinkellerei »Am Wässerchen« von der einfachen Handpresse zur vollautomatischen Bandpresse samt Abfüllanlage hoch. Neben Obstbränden bekommt man hier auch Weine auf Kirsch-, Rhabarber- oder Johannisbeer-Basis. Klassiker im Programm jedoch bleibt der Viez, den man traditionsgerecht aus der Viezporz, einem Steingutbecher, trinken sollte. Vor allem an heißen Sommertagen gilt der Eifeler Apfelwein als hervorragender Durstlöscher. Wenn er echt ist, kommt er herb daher und stets auch ziemlich sauer. Aber das macht ja bekanntlich lustig.

Adresse Wässerchen 7, 54619 Eschfeld, www.obstweinkellerei-waesserchen.de | **Anfahrt** Die Kellerei liegt südlich des Ortes an der Straße gen Reiff. | **Tipp** Interessant ist in diesem Zusammenhang auch der Besuch einer auf Obstler spezialisierten Brennerei, zum Beispiel der Brennerei Hahn in Niederweiler (www.brennereihahn.de).

36 Die Felsreliefs
Tierische Kunst im Wald

Diesen Ort findet man in keinem Reiseführer, und er ist auf keiner Karte verzeichnet. Dementsprechend schwierig gestaltet sich bereits die Suche danach. In Trier-Euren fährt man die Herrmannstraße am Eurener Bach entlang und parkt rechts an der ausgeschilderten Grillhütte. Der Waldweg führt in scharfer Rechtskurve an einem früheren Waldlokal vorbei. In der nächsten scharfen Linkskurve (links ein Waldbauernhof) biegt man rechts in den Wald ab. Nach etwa einem Kilometer macht der Weg eine erneute Linkskurve, und nach weiteren 150 Metern hat man das Ziel erreicht: eine etwa drei Meter hohe, senkrechte Buntsteinfassade.

Wer die überhängenden Pflanzenstrünke beiseiteschiebt, erkennt hier zwei, drei reliefartige Formationen. Vielleicht muss noch ein bisschen angewehter Sand weggewedelt werden, aber dann entdeckt man: den Kopf eines Schweins und eines Hirschs. Beide wirken außerordentlich lebensecht, den Hirsch umranken Pflanzen, die seine Geweihverästelungen ergänzen. Rechts unterhalb seiner Büste befindet sich eine kreisrunde Aussparung, an der offensichtlich mehrfach gearbeitet wurde. Diese führt dann auch zur vermutlichen Entstehungsgeschichte der beiden waldeinsamen Relieffiguren. Laut den spärlichen Quellen handelt es sich um Werke, die im Rahmen des nazideutschen Westwallbaus entstanden. Die einen behaupten, hier seien deutsche Steinmetze am Werk gewesen, die Baumaterial für den Westwall brachen. Andere wollen von französischen Kriegsgefangenen wissen, die hier ein wenig Kunst in ihren tristen Alltag brachten.

Mehrere weitere Tierreliefs sind mittlerweile überwachsen – Material für zukünftige Archäologen. Noch immer sichtbar ist jedoch, dass das runde Emblem ursprünglich ein Hakenkreuz enthielt. Irgendwann, so hört man in Euren, soll jemand versucht haben, es in einen Judenstern umzuwandeln. Hat aber, falls je erstrebt, nicht geklappt.

Adresse Herrmannstraße/Echternacher Berg, 54294 Euren | **Anfahrt** nicht ganz einfach, deshalb siehe Text | **Tipp** Besser erforscht ist die berühmte Igeler Säule im Nachbardorf Igel (siehe Band 1, Ort 51). Eine bemalte Kopie davon findet man im Rheinischen Landesmuseum in Trier (www.landesmuseum-trier.de).

FLIESSEM

37_Die Auktionshalle
»Genetisch hornlos«, »schicke Ferse«

Der Auktionator versteht sein Handwerk. Bevor er die Zahlen herunterrattert wie ein Schnellfeuergewehr, werden die Rindviecher angepriesen: »Top-Fundament«, »schicke Ferse«, »genetisch hornlos« und ähnliche Attribute sollen die Käufer locken. Zwischen den Zahlenkolonnen kommt er immer wieder auf die Vorzüge des zu versteigernden Tieres zurück, während geschickt eingebaute Witzchen und die direkte Ansprache bekannter Bauern die Atmosphäre lockern – und den Geldbeutel der Bietenden. Die sitzen in einem Rund, das den Neuling an eine Stierkampfarena erinnert. Die Eifeler »Corrida« kommt allerdings ein wenig kleiner daher als jene in Südeuropa, und in Fließem fließt auch kein Blut. Im Gegenteil, hier geht es um das maximale Lebendgewicht der Bullen und um die Milchleistung der Kühe. 30 Liter am Tag sollten es schon sein.

Organisator dieser regelmäßigen Veranstaltung ist die Rinderunion West (RUW). Sie garantiert den interessierten Landwirten eine Rundumversorgung in Sachen Rinderzucht. Wer keinen ganzen Bullen erwerben möchte oder sich keinen wirklich guten leisten kann, dem wird dennoch geholfen. Denn die RUW vertreibt neben Lebendvieh auch Bullensperma.

Während die Gebote immer höher steigen, führen die stolzen Besitzer ihr Rind durch das Rund. Alle wurden sie für ihren Auftritt abgeduscht und gestriegelt, die Euter der Kühe sind prall gefüllt. Bei den weiblichen Tieren reicht ein wenig Zaumzeug und ein Kitzeln an der richtigen Stelle, um sie ohne Bocken durch den Parcours zu führen. Die Bullen hingegen hängen am Nasenring, offenbar aus gutem Grund. Selbst den erfahrensten Landwirten steht der Respekt ins Gesicht geschrieben, den sie diesen Kolossen zollen. Bevor des Auktionators Hammer fällt, signalisiert ihm ein kurzer Blick des Besitzers, ob er mit dem Höchstgebot zufrieden ist. Danach erst geht das Tier in andere Hände, nicht selten für mehr als 2.000 Euro.

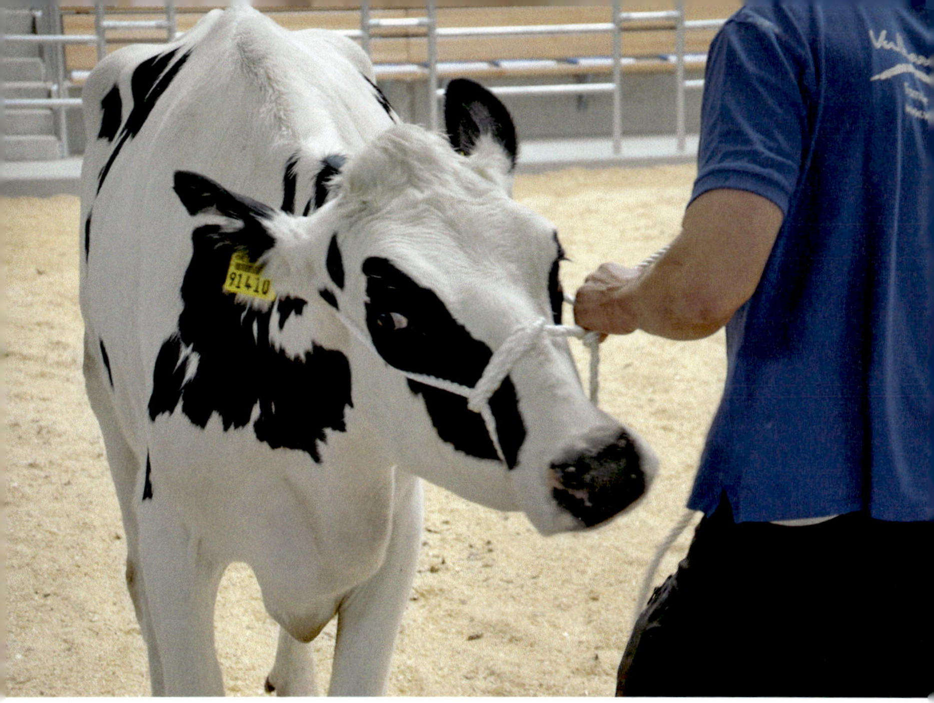

Adresse Hamerter Berg 1, 54636 Fließem, www.ruweg.de | **Anfahrt** über die B 51 südlich des Ortes | **Öffnungszeiten** Die Auktionen sind frei zugänglich, die Termine stehen auf der Website. | **Tipp** Zu Fließem gehört auch die römische Villa Otrang.

38 Die Trilobitenfelder
Wo sich Humboldt den Frack füllte

Es ist eine seltsame Landschaft, die sich da auftut. Zum einen sind da die verstreuten Wacholderbüsche, wie man sie aus verschiedenen Regionen der Eifel kennt – Überbleibsel einer allzu intensiven Weidewirtschaft. Zum anderen weist dieser ansteigende Hang eine eigenwillige Struktur auf. Der Boden ist gewellt, als habe man hier einst Ackerbau betrieben. Mit dem Pflug war auf den Geeser Trilobitenfeldern zwar niemand unterwegs, aber durchaus mit Hacke und Schaufel.

Trilobiten gehören – wie etwa auch Insekten, Krebse und Skorpione – zum Stamm der Gliederfüßer. Sie existierten während der gesamten Spanne des Erdaltertums von vor 520 bis vor etwa 250 Millionen Jahren. Das Gebiet südwestlich von Gees lag seinerzeit unter einem tropischen Meer begraben. An seinem Ufer lebten diese archaischen Tierchen, die den Laien am ehesten an gezackte Wanzen erinnern. Ihre festen Panzer blieben als Fossilien vielfach erhalten und helfen der Evolutionsforschung bis heute auf die Sprünge. Zahlreiche seltene Exemplare wurden in Gees freigelegt und fanden ihren Weg in Sammlungen in aller Welt.

Seit der Entdeckung zu Anfang des 19. Jahrhunderts haben sich in Gees Paläontologen und Geologen aller Herren Länder die Hand gegeben. Einer der eifrigsten, so erzählt man sich, war der weltgewandte Alexander von Humboldt (1769–1859). Er soll so geschäftig gebuddelt haben, dass die Taschen seines Fracks bald überquollen. Daraufhin habe er dann einigen Bauersfrauen die wollenen Strümpfe abgekauft und diese als weiteren Stauraum genutzt. Mit der Wende zum 20. Jahrhundert schließlich begannen in Gees systematische Untersuchungen. Wer genau hinsieht, wird auch heute noch kleinere Grabungsstellen entdecken – obwohl das natürlich längst verboten ist. Hobbysammler und professionelle Fossilienhändler hatten derartigen Raubbau betrieben, dass man das Gebiet 1984 unter Naturschutz stellte.

Adresse 54568 Gees | **Anfahrt** Von Gerolstein aus biegt man vor dem Ortsschild rechts ab und fährt direkt links hoch. Die Trilobitenfelder liegen linker Hand, die Straße endet an einem Wanderparkplatz. | **Tipp** Urzeitliche Fossilien lassen sich museal im Waxweiler Devonium studieren (siehe Band 1, Ort 105, www.waxweiler.com/museen).

39 — Die Brauerei
Bitte ein Gemünder!

Man hat es nicht leicht gegen einen Giganten. Die Bitburger Brauerei ist ein Global Player, gegen den niemand in der Eifel ankommt. In Wollersheim existiert noch die Cramer-, in Mendig die Vulkan-Brauerei. Diese letzte von einst 28 Brauereien profitiert von den kühlen, hallenartigen Höhlen, die der Bergbau in Mendig hinterlassen hat (siehe Band 1, Ort 74). In der Osteifel wiederum hat sich mit der Gemünder eine Klein-Brauerei erhalten – und in den letzten Jahren durchaus einen Namen gemacht. Besonders beliebt ist das Bier etwa bei Kölnern, sowohl in den Kneipen als auch auf Privatpartys. Denn Gemünder kann man in Fässern kaufen, und es ist obergärig. Damit gleicht es dem Kölsch, ohne sich so nennen zu dürfen. Der Begriff ist EU-weit markenrechtlich geschützt. Für das Gemünder spricht jedoch, dass es deutlich weniger kostet als Kölner Marken wie Früh, Gaffel oder Reissdorf.

Der Familienbetrieb wurde 1961 aus der Taufe gehoben. 1978 stieg Gemünd zum »Kneipp-Kurort« auf, ein Label, das sich stets auch mit trinkfreudigen Gästen verbindet. Der Vertrieb ist bis heute überschaubar geblieben, aber die Zeichen der Zeit hat man erkannt. Der typische Biertrinker von heute will wählen können und nicht mehr nur die Standardsorte vorgesetzt bekommen. Deshalb ist das Portfolio der kleinen Brauerei am Zusammenfluss von Urft und Olef inzwischen auf ein gutes Dutzend Produkte angewachsen. Auch das Steinfelder Klosterbier wird hier hergestellt (siehe Ort 100), aber zum erfolgreichsten Export mauserte sich das so getaufte »Eifeler Landbier«. Tester schwärmen von dem »bernsteinfarbenen Sud« mit seiner »stabilen Blume« und dem »fruchtig-süffigen Geschmack«. Weil es unfiltriert in die Flaschen und Fässer kommt, verbleibt zudem ein größerer Anteil an Eiweiß und Hefe im Bier. Das gilt als gesund, das schmeckt lecker, und unter uns gesagt: Es macht sogar satt.

Adresse Kölner Straße 69, 53937 Schleiden, www.gemuender-brauerei.de | **Anfahrt** östlich von Gemünd direkt an der B 266/Kölner Straße gen Mechernich | **Tipp** Das Bier kann in der Brauerei erworben werden. Frisch aus dem Fass kommt es im brauerei-eigenen Brauhaus an der Dreiborner Straße (täglich 11–22 Uhr, www.gemuender-brauhaus.de).

40 Der Denkmalstein
Alois Mertes – berühmtester Sohn der Stadt

Der Gerolsteiner Kurpark ist ein gelungenes Ensemble aus Fluss, Brücken, Grünflächen und Pavillons. Und dann hängt da diese unscheinbare Bronzetafel mit dem Spruch: »Dr. Alois Mertes, Staatsminister in Bonn, geb. am 29.10.1921 in Gerolstein. In Anerkennung seiner besonderen Leistung, in Dankbarkeit für die enge Verbundenheit und Liebe zu seiner Heimat. Sein Streben galt der Förderung des Europäischen Gedankens und dem Frieden in der Welt.« Auch der übertriebenen Huldigung unverdächtige Geister bestätigen diese Einschätzung. So schrieb Heinrich Böll an Mertes' Witwe Hiltrud, ihr Alois sei »einer der wenigen, wenn nicht der einzige Politiker seiner Partei (gewesen), mit dem ich reden konnte und noch hätte reden können«.qw Diese Partei, das war die CDU, der er seit 1961 angehörte. Mertes war Weltkriegssoldat, Doktor der Philosophie und trat 1952 in den diplomatischen Dienst der Bundesrepublik ein. Ab 1972 und bis zu seinem Tod war er Mitglied des Deutschen Bundestages. Die Sympathie seiner Wähler war ihm dabei stets gewiss: Mertes zog ausnahmslos als direkt gewählter Abgeordneter des Wahlkreises Bitburg ins Parlament ein.

Nicht jede seiner Missionen endete als Erfolg. Besonders kurios war in dieser Hinsicht sein Ende als russischer Botschafter, ein Amt, das er von 1963 bis 1966 bekleidete. Wie jeder Würdenträger in dieser Position wurde auch Mertes vom Geheimdienst der UdSSR überwacht. Eines Tages unterhielt er sich am Telefon mit einem luxemburgischen Kollegen – auf Moselfränkisch, ihrer gemeinsamen Sprache. Den russischen Schlapphüten war der Code verdächtig, zumal es nicht gelang, ihn zu dechiffrieren. Also sorgte man hinter den Kulissen für die Ablösung des Eifelaners. Möglicherweise hat er darauf mit jenem Spruch reagiert, den man ins Hochdeutsche etwa mit »Jetzt schlägt's dreizehn!« übersetzen könnte: »Wall kalewen aber de Ochsen!«

Adresse 54568 Gerolstein | **Anfahrt** Der Denkmalstein steht im ausgeschilderten Kurpark, unterhalb des dortigen Café-Pavillons. | **Tipp** Im Kurpark fließt Trinkwasser aus der Helenenquelle – kostenloser Sprudel aus 90 Metern Tiefe.

41 Der Kalkofen
Malen, Mauern, Modellieren

Wer auf dem Sträßchen zwischen Gindorf und Gransdorf unterwegs ist, passiert zur Rechten einen hölzernen Schuppen. Kennt man sich nicht aus, muss man ihn für ein landwirtschaftliches Gebäude halten. Aber weit gefehlt, denn hier handelt es sich um eine historische Kalkbrennerei. Das reich mit Schautafeln bestückte Relikt führt dem Besucher ein Handwerk vor Augen, das nach Geschick, Erfahrung und Körperkraft verlangte.

Schon die Kelten und Römer haben in der Eifel Kalk gebrannt. Bis ins tiefe 19. Jahrhundert hinein wurde die Kalkbrennerei vor allem als Nebenjob betrieben. Was die Bauern auf ihren Ländereien fanden, wurde in simplen Feldgruben gebrannt und anschließend verkauft. Vor allem Maurer waren auf Kalk als Basis ihres Mörtels angewiesen. Aber auch Anstreicher und Stukkateure setzten auf gelöschten Branntkalk, während die Landwirte ihn zur Schädlingsbekämpfung nutzten. Die in der Eifel spät einsetzende industrielle Revolution machte dieser Tradition dann allmählich ein Ende. Professionelle Ofenanlagen entstanden direkt neben Steinbrüchen, die Landwirte verloren ihr jahrhundertealtes Zubrot.

Der Gransdorfer Doppelofen stammt in seiner heutigen Form aus dem Jahr 1919. Josef Krämer betrieb ihn bis Mitte der 1970er Jahre, unter anderem für den Wiederaufbau des Klosters Himmerod (siehe Ort 47). In Gransdorf konnten rund 15 Kubikmeter Kalkstein gebrannt werden, das entspricht etwa 23 Tonnen. Der Brennprozess verwandelt Kalkstein (Kalziumkarbonat) durch den Entzug von CO_2 in reinen Kalk (Kalziumoxid). Knapp die Hälfte des Gewichts geht dabei verloren. Als man sich in Gransdorf 1992 noch einmal ans Kalkbrennen im alten Stil machte, wurde deutlich, welche Opfer der Eifeler Wald für den Produktionsprozess bringen musste. Um Temperaturen von bis zu 1.250 Grad zu gewährleisten, gingen bei einem Brennvorgang 32 Raummeter Holz in die Luft.

Adresse Gelsdorfer Weg, 54533 Gransdorf | **Anfahrt** im Ort dem Gelsdorfer Weg Richtung Gindorf folgen | **Tipp** In Bad Münstereifel-Iversheim findet man eine restaurierte römische Kalkbrennerei (siehe auch Band 1, Ort 10). An der Straße zwischen Niederehe und Nohn steht ebenfalls ein antiker Kalkofen.

42 — Die Göbelsmühle
Eine von 28 an der Endert

Die Endert ist ein schmales Bächlein, das nach gerade einmal 22 Kilometern bei Cochem in die Mosel mündet. Auf ihrem Weg jedoch hat sie in früheren Zeiten einiges geleistet. 28 Mühlen trieben ihre Räder mit dem Bachwasser an, einsam gelegen in einem tief eingeschnittenen, unwegsamen Tal. Endertmüller, so heißt es, besaßen keine Karren, um ihr Mehl nach Cochem auf die städtische Waage zu bringen. Weil die Bergpfade so steil waren, musste der Mahlertrag direkt auf die Rücken der Esel gebunden werden.

Die Zeiten haben sich geändert, keine der Endertmühlen ist heutzutage noch in Betrieb. Viele der einstigen Gebäude sind verfallen, manche inzwischen in Privathand. Die einzige heute noch zu besuchende ist die Göbelsmühle unterhalb von Greimersburg. Wer etwa vom Parkplatz an der Napoleonsbrücke aus losmarschiert, erreicht sie nach vier Kilometern. Ein schönerer Platz für einen Imbiss ist schwerlich zu finden. Neben dem Biergarten am Bach ist es vor allem der an den nackten Fels gemauerte Schankraum, der fasziniert.

Was heute so friedlich wirkt, war zugleich der Ort einiger tragischer Ereignisse. So verunglückte der Enkel des 1711 geborenen Mühlengründers Peter Göbel beim Abschmieren seines Mühlrades. Er rutschte aus, das Rad erfasste ihn und verletzte ihn tödlich. Sein Sohn Michael heiratete 1902 Katharina Hammes aus Büchel. Die beiden hatten zwölf Kinder, darunter den 1901 geborenen Anton. In seinem zwölften Lebensjahr starb er auf dem Weg zur Schule, nachdem ihn ein Wildschwein angegriffen hatte. Heute zeugt ein Holzkreuz auf halbem Weg nach Greimersburg von seinem Tod. In den 1950er Jahren schien es dann endgültig vorbei mit der Mühle. Ein Eisgang – jähes Tauen nach harter Kälte – überschwemmte den Hof, Eisschollen drohten ihn zu zerschlagen. Mit Gottes Hilfe jedoch – und mit tatkräftiger Unterstützung der Feuerwehr – konnte die Göbelsmühle gerettet werden.

Adresse 56814 Greimersburg, www.goebels-muehle.de | **Anfahrt** Zugang zum Beispiel ab Greimersburg, dort der Beschilderung »Göbelsmühle« folgen | **Öffnungszeiten** Nov.–März Mo–Fr 11–19 Uhr, Sa, So 11–20 Uhr; April–Okt. Mo–Fr 10.30–20 Uhr, Sa, So 10.30 Uhr mit open end | **Tipp** Ein schöner Wanderweg führt vom Kloster Maria Martental zur Endert-Mündung in Cochem. Der Rückweg kann per ÖPNV erfolgen.

43_ Das Falkenbachviadukt
Kriegsversehrt auf Krücken

Das Falkenbachviadukt war einst ein Prachtexemplar seiner Gattung. Und wie überall auf der Welt brachte diese Bahnstrecke ihren Anrainern Mobilität, infrastrukturellen Aufschwung, ein bunteres Leben und in vielen Fällen mehr Mäuse in der Tasche. Bereits um die Mitte des 19. Jahrhunderts kamen Überlegungen auf, den Aachener Raum per Gleisanschluss mit Belgien und Luxemburg zu verbinden. 1882 wurde die Vennbahn in Angriff genommen und peu à peu mit einem Netz von Zubringern versehen. In diesem Rahmen entstand dann auch die Zugverbindung zwischen Stolberg und Walheim. Auf dem Teilstück zwischen Breinig und Hahn musste jedoch dafür das tief eingeschnittene Tal der Inde überbrückt werden. Zunächst hatte man an eine Fünf-Bogen-Brücke mit breiten Dämmen gedacht. Um nicht zu viel Land aufkaufen zu müssen, wurde schließlich eine schlankere Version mit acht Bögen realisiert. Die elegante Kalksteinkonstruktion wurde am 21. Dezember 1889 eingeweiht. Und weil sich schnell erwies, dass ein Gleis nicht ausreiche, doppelte man das Viadukt bereits 1907.

Wie so häufig war es der Zweite Weltkrieg, der den Niedergang einleitete. Im September 1944 befanden sich die Deutschen bei Breinig auf dem Rückzug. Um dem Feind das Nachrücken zu erschweren, sprengten sie die beiden nördlichen Pfeiler der Brücke. Pioniere der US-Einheiten legten ihr nach ihrem Einzug eine stählerne Manschette an. Und hier beginnt das Falkenbachviadukt zu einem historischen Monument, einem Zeitzeugen, zu werden. Denn noch immer füllt die amerikanische Behelfskonstruktion, leicht nachgebessert durch die Bundesbahn, die Lücke im Kalkstein. Die Brücke wirkt an dieser Stelle wie amputiert, im Grunde wie ein Kriegsversehrter auf Krücken. Viel schleppen kann er nicht. Hier fuhr schon seit Jahren kein Zug mehr, und zwischen den Gleisen wächst Unkraut: *Sic transit gloria pontis*, könnte man leicht abgewandelt sagen.

Adresse Venwegener Straße, 52076 Hahn, 52223 Breinig | **Anfahrt** Das Viadukt liegt mittig zwischen beiden Orten. | **Tipp** Durch Hahn führt der 125 Kilometer lange Vennbahnradweg, der thematisch an das Viadukt andockt (www.vennbahnradweg.info).

44 Der Wild-Wechsel
Vergängliche Kunst an der Olef-Talsperre

Vergängliche Kunst – da denkt man zuerst an die Sandburgen, die Kinder nahe dem Wasser bauen. Schon mit der nächsten Welle können sie Geschichte sein. Nicht anders ergeht es Eisbildhauern oder vielen Künstlern der Land-Art-Bewegung: Ihr Projekt gilt dem Moment. Der Reiz für den Betrachter steigert sich durch die zeitliche Exklusivität. Wie die Besucher eines Beatles-Konzerts oder einer Christo-Verpackung wird er irgendwann sagen können: »Ich war dabei!«, und danach womöglich still für sich weiterdenken: »Und du nicht!«

Stahlskulpturen rosten, Gemälde dunkeln nach – und das Kunstwerk von Klaus Dauven verbleicht. 282 mal 59 Meter misst die Staumauer, und der Eifeler Zeichner nutzte den vollen Raum. Sein Malzeug war allerdings kein Pinsel oder Stift, sondern ein Hochdruckreiniger der Firma Kärcher. Dauven nutzte den Schmutz und die färbenden Bakterienkulturen auf dem Beton, um seine Riesentiere freizulegen. Mit Hilfe von Laserstrahlern kopierte er seinen Entwurf auf die Wand und kärcherte diese jenseits der Umrisse frei.

2007 war das, und man muss schon ganz genau hinsehen, um letzte Spuren zu erkennen. Ein Blick auf die Informationstafeln vor der Staumauer hilft bei der Suche. Denn da sind Hirschkuh und Hirsch noch klar konturiert. Des Letzteren röhrend emporgereckter Kopf richtet sich noch immer dem Weibchen zu, aber seine Umrisse sind fast völlig verblasst. Das Eichhörnchen auf seinem Rücken, die Wildkatze und der Greifvogel zwischen dem Liebespaar: verschwunden. Lediglich die Hirschkuh ist noch relativ deutlich auszumachen (Stand: Sommer 2018). Gschamig oder leicht gelangweilt wendet sie den Kopf ab und verweigert dem Werber die volle Aufmerksamkeit. Auch sie wird bald Geschichte sein, von neuerlichen Reinigungsaktionen ist nichts bekannt. Aber wer sich in Bälde aufmacht zur Olef-Talsperre, kann noch in den erlauchten Kreis eintreten. Und sagen: »Ich war dabei!«

Adresse Oleftalstraße, 53940 Hellenthal | **Anfahrt** Straßenbeginn im Zentrum, Straßenende direkt am Talsperrenparkplatz | **Tipp** Um den Olef-Stausee verläuft ein 13,5 Kilometer langer Rundweg. Fotos: Der Wild-Wechsel während seiner Entstehung 2007 (oben) und im Jahr 2018.

45 _ Die Thingstätte
Germanen auf der Landskrone

Angeblich war es der Stauferkönig Philipp von Schwaben, der diesem Berg zu Anfang des 13. Jahrhunderts seinen Namen gab. Im kriegerischen Streit mit seinem welfischen Gegenkönig Otto IV. hatte er die »Gymmiger Kupp« bestiegen, wie die Erhebung bis dato genannt wurde. Angetan vom strategischen Potenzial sowie dem herrlichen Ausblick dort oben, soll Philipp ausgerufen haben: »Das ist ja des Landes Krone!« 1206 begann man dann mit dem Bau einer Höhenburg. Ihr Name – Landskrone – ging allmählich auf den gesamten Berg über.

Es waren jedoch nicht erst die deutschen Rittersleut, die sich die Kuppe in 272 Metern Höhe zunutze machten. Um 500 vor Christus hatten bereits keltische Verbände erste Spuren hinterlassen. Man glaubt, dass sich ihr Dreimütter-Matronen-Kult in der Landskroner Legende von den Drei Jungfrauen spiegelt. Sie sollen vor einem enttäuschten, deshalb rachsüchtigen Freier in eine Felsspalte geflohen und schließlich von ihrem Vater gerettet worden sein. Danach waren es die Germanen, die die Landskrone beherrschten. Wo heute die spärlichen Überreste der mittelalterlichen Burg aufragen, unterhielten sie eine von acht Thingstätten des Ahrgaus. Das altgermanische Thing war gleichermaßen eine kultische wie eine politische Versammlung. Hier wurden Probleme be- und Urteile gesprochen. Die Thingstätte schmückte, so glaubt man, oftmals eine Linde. Stets fanden die Treffen unter freiem Himmel statt, selten jedoch so hoch oben wie auf der Landskrone.

Laut dem römischen Chronisten Tacitus dauerten die Thingtreffen für gewöhnlich drei Tage. In seiner »Germania« schreibt er, dass die germanischen Oberhäupter, bevor sie zu nüchternen Beschlüssen kamen, zunächst unter starkem Alkoholkonsum diskutierten – um die Zunge zu lockern. Eine einleuchtende Idee, die man heutzutage mit jenem Wein befeuern könnte, der am Ahrhang der Landskrone wächst.

Adresse 53474 Heppingen | **Anfahrt** Der Berg liegt östlich des Ortes Richtung Lohrsdorf, es gibt diverse Aufstiegsmöglichkeiten. | **Tipp** Knapp unterhalb der Landskrone führt ein beschilderter Pfad zur 1212 erstmals erwähnten Marienkapelle – angeblich erbaut von jenem Burgherrn, dessen drei Töchter hier laut Legende errettet wurden.

46 — Das Kriminalhaus
Café und Bibliothek

Beim Eintritt wird der Gast von Sherlock Holmes begrüßt. Sein Blick wirkt so spöttisch-kritisch, wie man es von ihm gewohnt ist. Die in die Hüfte gestützte Hand demonstriert Entschlossenheit, während die unvermeidliche Pfeife eher für die Hartnäckigkeit steht, mit der er seinen Ermittlungen nachgeht. Die von Sir Arthur Conan Doyle erfundene Figur dominiert dann auch das in den Obergeschossen eingerichtete Deutsche Krimiarchiv. Monika und Ralf Kramp haben hier eine Sammlung von rund 30.000 Kriminalromanen zusammengetragen, die in Deutschland einzigartig ist. Nicht zuletzt sind es die Originalausgaben und Exoten, die dieser Bibliothek ihren Stempel aufdrücken. Erwähnt sei etwa die türkische Übersetzung eines deutschen Holmes-Heftchens aus den 1920er Jahren. Die Tische zwischen den Regalreihen laden sowohl zum Schmökern als auch zum Testen der zusammengetragenen Krimispiele und -puzzles ein. Oder auch zum Nachdenken über den ersten eigenen Krimiplot.

Hillesheim gilt seit Jahren als die deutsche Krimihauptstadt. Hier nächtigt man im »Krimihotel« und spaziert auf dem »Eifelkrimi-Wanderweg«. Oder man besucht eben das Kriminalhaus der Kramps und setzt sich ins Café Sherlock. Bei einer »Chocolat Poirot« lässt sich dann in aller Ruhe die liebevoll zusammengestellte Einrichtung des Orient-Express-Abteils studieren. Analog entdeckt man am Miss-Marple-Tisch Utensilien wie ihr Strickzeug, den Schlüssel zu »Bertram's Hotel« und die Fahrkarte des »16.50 Uhr ab Paddington«-Zuges. Wer sich dabei von Alfred Hitchcock, einem englischen Bobby oder der Statue des Malteser Falken aus dem gleichnamigen Humphrey-Bogart-Film beobachtet fühlt, sollte nicht nervös werden. Englische Teekultur, handgemachte Kuchen und ein bis in den letzten Winkel museales Interieur: Dieses 1904 erbaute, aufwendig restaurierte Haus am Markt lässt keinen Wunsch offen – kriminell gut.

Adresse Am Markt 5–7, 54576 Hillesheim | **Anfahrt** Die Straße Am Markt liegt im Zentrum, direkt an der B 421. | **Öffnungszeiten** täglich 10–18 Uhr | **Tipp** Der Eifel-Krimi-Wanderweg beginnt an der Touristeninformation Hillesheim (Am Markt 1, www.eifel.info/a-eifelkrimi-wanderweg).

47 Die Forellenteiche
Geräuchert, filetiert, auf Müllerin Art

Kloster Himmerod wurde 1134 durch Bernhard von Clairvaux gegründet und 2017 nach langem Lamento aufgelöst. Bedeutendste Attraktion vor Ort ist die barocke Abteikirche mit Ursprüngen im 18. Jahrhundert. Sich auf deren Besuch zu beschränken, wäre jedoch ein Fehler, allein schon wegen der idyllischen Fischteiche. Forellen können hier auf dreierlei Art erworben werden. Da wäre zunächst einmal die Himmeroder Klostergaststätte, wo der hauseigene Fisch fertig auf den Tisch kommt. Im Klosterladen wiederum erhält man das rohe Produkt – gewürzt, geräuchert, filetiert oder wahlweise auch völlig naturbelassen. In jedem Fall wurde das Fischlein frisch gefangen und ist bereit für die Weiterverarbeitung am heimischen Herd.

Ein paar Meter weiter schließlich gelangt man zu den direkt an der Salm gelegenen und von ihr gespeisten Angelteichen. Für den 1098 gegründeten Orden der Zisterzienser war Fisch schon immer von besonderer Bedeutung. Den Brüdern war es verboten, das Fleisch »vierfüßiger Tiere« zu essen. Fische passen bekanntermaßen nicht zu dieser Beschreibung, folglich war das »Flussgemüse« sündenfrei genießbar. Um die Bevölkerung an der eiweißreichen Nahrung teilhaben zu lassen, begannen Zisterzienser allerorten früh damit, Zuchtweiher anzulegen. Neben Forellen tummelten sich auch Aale, Hechte und Karpfen in den Teichen. Die Einnahmen kamen der Klosterkasse zugute, die laut Ordenssatzung ohnehin in Eigenwirtschaft gefüllt werden musste. Diese Urcharta bestimmte weiterhin, dass Zisterzienser Handarbeit zu leisten und sich in abgelegenen, wasserreichen Tälern anzusiedeln hatten. Folgerichtig entwickelten sich die Brüder über die Jahrhunderte zu Spezialisten in Sachen Rodung und Trockenlegung von Sumpfgebieten. Wer die verschlungenen Wasserläufe zwischen den Kanälen und Bassins näher ansieht, wird zugeben, dass in Himmerod solide Arbeit geleistet wurde.

Adresse Abteistraße 3, 54534 Großlittgen, www.abteihimmerod.de | **Anfahrt** Die Abtei liegt an der L 34 zwischen Großlittgen und Eisenschmitt. | **Öffnungszeiten** Angelteiche täglich 8–17 Uhr, Kloster siehe Website | **Tipp** Eine zweistündige Wanderung führt an der Salm entlang nach Eisenschmitt zum »Weiberbrunnen« und zurück.

48 _ Die Mühlsteinhöhlen
... und die Grotte des Dorflehrers

Das Terrain wirkt wie zerschossen. Man wandert, angenehm beschattet, durch den Wald. Aber man sollte aufpassen, wo man hintritt. Denn es geht über Stock und vor allem über Stein, und dann sind da auch noch überall Löcher im Fels. Ein seltsamer Hügel, dieser 585 Meter hohe Mühlenberg. Was wir heute als Höhlen erleben, waren ursprünglich Stollen. Jenseits des Winters, wenn hier nicht gerade die Fledermäuse von der Decke hängen, dürfen sie betreten werden. Manche Durchgänge existieren noch, man steigt ab in ein Loch und gelangt an einem anderen wieder heraus. Aber eine Taschenlampe sollte man dabeihaben.

Systematischer Bergbau wird in Hohenfels-Essingen mindestens seit dem 16. Jahrhundert betrieben. Die Konsistenz des Mühlenberg-Basalts – zugleich hart und porös – qualifizierte ihn zur Herstellung von Mühlsteinen. Der Fachmann spricht hier von »agglutinierten Basaltschlacken«: glühende Lava, die sich vor dem Erkalten rund um den Krater verteilte. 50 Meter hoch wuchs die Basaltplatte, die seitdem von mehreren Steinbrüchen angenagt wurde. Manche der alten Steinräder hängen noch in den Höhlen oder stehen am Wegesrand – Fehlexemplare, die bei der Bearbeitung Mängel offenbarten. Was vom Mühlenberg aus seinen Weg nahm, landete hingegen in den Produktionsstätten der Umgegend: in Papier- und Loh-, Getreide- und Ölmühlen.

Ganz am Ende des kleinen Rundwegs auf dem Plateau gelangt man schließlich zur Mariengrotte des Lehrers Julius Schulz. Er war mit seinen Schulkindern in einem undichten Kahn aufs Weinfelder Maar (siehe Ort 92) hinausgefahren. Das Boot drohte zu kentern, die Klasse zu ertrinken. Da gelobte der angsterfüllte Lehrer Stiftung einer Muttergottesstatue auf dem Mühlenberg für den Fall der Rettung. Wie der liebe Gott, so erhörte ihn auch der Verschönerungsverein Hohenfels-Essingen: 1897 war die Grotte fertig.

Adresse 54570 Hohenfels-Essingen | **Anfahrt** Mühlenberg und Höhlen östlich des Dorfes, ausgeschildert bis zum Waldparkplatz | **Öffnungszeiten** Von November bis April sollen die Höhlen zum Schutz der Fledermäuse nicht betreten werden. | **Tipp** Weitere bekannte Mühlsteinhöhlen in der Eifel finden sich oberhalb von Birresborn und am Nerother Kopf (siehe Band 1, Orte 16 und 82).

HOLLERATH

49 __ Die Skischanze
50 Meter freier Flug

Es gab hier keinen Lift, die Skispringer mussten den Berg samt ihrer Ausrüstung für jeden Sprung aufs Neue erklimmen. Auch würde man heute keine Versicherung mehr finden, die sich dieser Anlage annähme. Aber die Menschen aus Hollerath und die Touristen aus der Stadt waren begeistert, als hier 1932 mit dem Bau einer Schanze begonnen wurde. Als Vorbild diente die berühmte Schanze von Oberstdorf, und zwei Jahre später konnte der leitende Wintersportverein Köln Vollzug melden. Weil da schon die Nazis am Ruder waren, wurde die Hollerather Anlage auf den Namen »Adolf-Hitler-Schanze« getauft. Bis zu 50 Meter weit konnte hier gesprungen werden, dann befand man sich aber bereits im kritischen Bereich. Nicht gerade weit, doch 1936 bereitete sich hier sogar ein mehrfacher Weltmeister auf die Olympischen Winterspiele vor. Mit Erfolg: Der Norweger Birger Ruud (1911–1998) holte sich, wie schon 1932, die Goldmedaille von der Normalschanze.

Aber die Tage, an denen in der Rureifel geflogen werden konnte, waren gezählt. Nach der Zerstörung im Zweiten Weltkrieg wurde die Schanze 1953 zwar noch einmal notdürftig aufgebaut und freigegeben. Wenige Jahre später jedoch war dann endgültig Schicht. Ausbleibender Schnee hatte das Interesse an der Instandhaltung erlahmen lassen.

Die Spuren der Geschichte sind rar, und man muss ein wenig nach ihnen suchen. 20 Meter hoch ragte der hölzerne Sprungturm einst in den Himmel: Im Wald verteilt, symmetrisch angeordnet wie eh und je, stehen noch seine Sockel. 120 Meter waren es bis zum Sprungtisch, von dem aus die Wintersportler in die Luft abhoben: Noch heute wundert man sich über diese seltsam ebene Fläche im ansonsten steilen Waldhang, die an einer verwitterten Ziegelmauer jäh abfällt. Und wer genau hinschaut, wird bemerken, dass die Buchen hier alle recht jung sind – ihre Zeit begann erst nach Schließung der Schanze.

Adresse 53940 Hollerath | **Anfahrt** am Fußballplatz parken, rechts bis zur Eckfahne, dahinter links den Waldweg nehmen, der auf Höhe der nächsten Eckfahne rechts abknickt, Turmreste nach etwa 50 Metern links im Wald, danach der Schanzentisch | **Tipp** In Hollerath wird zwar nicht mehr gesprungen, aber noch immer Ski gefahren. Der Ort verfügt über mehrere Kilometer Langlaufloipen.

50 Die Huwelslay
Tropfsteinhöhle und Wasserfall

Der Huwelsbach mündet nicht einfach so in die Prüm, er inszeniert ein Spektakel. Überall springt Wasser aus dem Stein. Es wirkt beinahe, als werde der Fels von einer unsichtbaren Hand ausgequetscht. Hier tropft es wie aus einem undichten Hahn, dort rauschen kleine Wasserfälle. Unten liegen feuchte Terrassen, weiter oben hat sich eine Grotte gebildet. Die Ströme trennen sich und werden wieder vereint, nur um aufs Neue ihren eigenen Weg zu suchen. Die Prüm wiederum scheint das Theater nicht zu interessieren. Souverän und gemächlich fließt sie gen Süden, wo sie irgendwann in der Sauer aufgehen wird.

Das hier zu beobachtende Phänomen geht auf eine geologische Besonderheit zurück. Während das »Heiderücken« genannte Hochplateau weitgehend aus Sandstein besteht, hat sich weiter unten Kalksinter gebildet. Dessen Ablagerungen haben die Huwelslay samt ihrer Höhle modelliert. Wie das funktioniert, ist relativ einfach zu erläutern: Regen sickert durch den Sandstein und löst dessen kalkhaltiges Bindemittel. An den Hängen, also zum Beispiel hier an der Huwelslay, tritt dieses angereicherte Wasser wieder aus. Die in der Verbindung enthaltene Kohlensäure entweicht beim Kontakt mit der Luft, und wenn das Wasser schließlich verdunstet ist, bleibt der Kalksinter zurück. Wie in einer Tropfsteinhöhle bilden sich steinerne Erhebungen, die Formen variieren je nach Ausrichtung und Intensität des Wasserlaufes.

Bekannter als der Holsthumer ist der Dreimühlen-Wasserfall in Nohn in der nördlicher gelegenen Vulkaneifel (siehe Band 1, Ort 88). Aber wie jener verfügt auch die Huwelslay über eine Eigenschaft, die sich von herkömmlichen Wasserfällen unterscheidet. Denn während diese ihre Fallkante stetig abschaben, legen Kalksinterfälle immer weiter zu. Der Strom schafft sich so seine eigene Barriere: Je mehr Wasser fällt, desto höher wächst das Hindernis.

Adresse 54668 Holsthum | **Anfahrt** über den Wanderparkplatz rechts der L 4 gen Peffingen | **Tipp** Der Holsthumer Rundweg (circa 2,5 Stunden) startet am Kruibeker Platz und führt unter anderem an der Huwelslay, einer Römervilla und einer ehemaligen Glashütte vorbei.

HOLZMÜLHEIM

51 Die Erftquelle
Auf in den Norden

Einige Flüsse bringt man unmittelbar mit der Eifel in Verbindung. Kyll, Lieser, Nims oder Prüm entspringen in der Eifel und münden auch dort. Die Erft hingegen assoziiert man eher mit dem Kölner Raum. Im Westen der Metropole heißt sogar eine Gebietskörperschaft nach ihr: der Rhein-Erft-Kreis. Von seiner Quelle her jedoch – also sozusagen: gebürtig – ist dieser Bach ein Kind der Eifel.

Was da aus der Quellfassung hinter dem Holzmülheimer Spielplatz fließt, ist ein beeindruckender Strahl. Da blubbert nichts, da träufelt nichts sanft, da wird geklotzt. Der wasserdurchlässige Kalkstein, aus dem die Erft hier dringt, entstand vor 330 Millionen Jahren aus den Korallenriffen eines tropischen Meeres. Während sich die im nahen Blankenheim entspringende Ahr nach Südosten aufmacht, orientiert sich die Erft gen Norden. Über Bad Münstereifel und an Euskirchen vorbei erreicht sie Weilerswist, wo sie mit der Swist ihren bedeutendsten Nebenfluss aufnimmt. In alten Zeiten diente sie den Holzmülheimern nicht nur zur Bewässerung ihrer Felder, sondern auch als Trinkwasserquelle. Darüber hinaus trieb sie einige Mühlräder an. Noch heute zweigt der Mühlengraben direkt hinter der Quelle ab, gekennzeichnet durch einen ausgedienten Mühlstein. Vor allem im 19. und 20. Jahrhundert jedoch hatte der Fluss zu leiden. Die Industrialisierung sowie die rasante Entwicklung der Landwirtschaft beeinträchtigten die Wasserqualität. Auf ihrem Weg wurde die Erft begradigt, kanalisiert oder durch Grundwasserabsenkungen halb ausgetrocknet. Erst die letzten Jahrzehnte brachten eine Wende. Durch intensive Renaturierungsmaßnahmen können sich wieder Ökosysteme wie die wertvollen Auenwälder entfalten.

Dass dies so weitergehe, mag der im Sinne des Wortes steinalte Löwe neben dem Quellhaus überwachen. Er ist ein Geschenk der Stadt Neuss. Dort nämlich mündet die Erft nach rund 110 Kilometern in den Rhein.

Adresse Erftstraße, 53947 Holzmülheim | **Anfahrt** ausgeschilderter Zugang an der Erftstraße, Höhe Spielplatz/Bushaltestelle | **Tipp** Die Erft ist über ihre komplette Länge durch einen Radwanderweg erschlossen (www.erftweg.de).

KALKAR

52 Die Tongrube Toni
Vom Baggerloch zum Biotop

Im Münstereifeler Stadtteil Iversheim entdeckte man 1966 eine römische Kalkbrennerei. 1.700 Jahre hatten ihre gut erhaltenen Öfen in der Erde geschlummert. Nur ein paar Kilometer weiter nördlich liegt die Ortschaft Kalkar. Dort dominiert statt Kalk ein sozusagen komplementärer Bauwerkstoff, nämlich Ton.

Spuren der Antike fand man auch in den Tongruben, römische Steingräber zeugen vom Aufenthalt der Eroberer. Die Grube Toni wurde in den 1920ern eröffnet. Das hier ausgehobene Material diente vor allem zur Herstellung von Kanalrohren sowie als feuerfeste Innendämmung von Hochöfen. Anders als bei vergleichbaren Unternehmen wurde die Grube nach Einstellung des Betriebs nicht wieder zugeschüttet. So füllte sie sich stattdessen ab 1974 mit Wasser. Die Natur eroberte sich die Ufer zurück, und die Menschen der Umgebung nutzten das neu gewonnene Feuchtgebiet als Badesee. Umweltschützer jedoch sahen dadurch die wertvolle Fauna bedroht, die sich auf der Brache angesiedelt hatte, darunter diverse seltene Kröten-, Vögel- und Insektenarten. Ein Zaun beendete die Ära als Strandbad und läutete die Erhebung zum Naturschutzgebiet ein. Durch gezielte Bepflanzung der Ufer und kontrollierte Be- und Entwässerung entstand mit der Zeit ein spannendes Biotop. Ihm schließen sich nachbarschaftlich die Naturschutzgebiete Kalkarer Moor und Arloffer Bruch an.

Zwischen den beiden heutigen Grubenseen steht das vom »Verein Naturschutzstation Bad Münstereifel« betriebene Teichmannhaus. Benannt nach einem Förderer des einzigartigen Naturraums, dem ehemaligen Biologielehrer Albert Teichmann (1907–1966), dient es heute als Umweltstation und kann für verschiedenste Zwecke gemietet werden. Von 1920 bis 1950 jedoch wurde hier die Ausbeute der Tongrube verladen: Förderbänder liefen von der Grube in das offene Ständerhaus, wo die im Parterre wartenden Lkw befüllt wurden.

Adresse 53902 Kalkar, www.naturschutzstation.info | **Anfahrt** vom Dorf aus rechts der L 11 Richtung Antweiler folgen | **Öffnungszeiten** Jenseits des Zauns kann die Grube umrundet werden, diesseitige Erkundungen sind nur im Rahmen von Führungen möglich (siehe Website). | **Tipp** Auf der südlichen Seite der L 11 liegt Wachendorf, berühmt geworden durch die Bruder-Klaus-Kapelle des Architekten Peter Zumthor.

53 Die Katzensteine
Ausgelaugt und dennoch mächtig

Das Orangerot der Katzensteine schimmert bereits durch die Zweige, lange bevor man die urige Stätte erreicht. Wobei »Steine« deutlich untertrieben ist: Die außergewöhnlichen Felsen von Katzvey türmen sich bis zu 15 Meter auf. Verantwortlich für die auffällige Färbung ist der hohe Anteil an Roteisen. Im ersten Moment wirken sie wie aus der Erde gequollen, wie Bauschaum beinahe. Aber weit gefehlt, die Katzensteine sind nicht vulkanischen Ursprungs, wie man hier in der (Vor-)Eifel vermuten könnte. Stattdessen stammen sie aus der Zeit eines tropischen Binnenmeeres von vor etwa 240 Millionen Jahren. Dass es sich um schichtweise Ablagerungen handelt, ist von Nahem klar zu erkennen. Die bizarren Formen schließlich nahm der Fels über die Jahrtausende durch Auslaugung an. Wind und Wetter modellierten seine Kerben und Vorsprünge.

Bei Ausgrabungen Anfang der 1970er Jahre wurden steinzeitliche Relikte der sogenannten Federmesser-Gruppe entdeckt. Sie wusste die der Erodierung geschuldeten Überhänge und Höhlungen zu schätzen und unterhielt einen Rastplatz im Schutz der Katzensteine. Die Funde stammen aus der Zeit um 13.000 vor Christus. Den Sandstein verarbeitet statt bewohnt haben sodann die Römer, die hier vom 1. bis 3. Jahrhundert einen Steinbruch betrieben. Zahlreiche Weihesteine etwa für den Matronenkult stammen aus Katzvey. Für größere Aufgaben jedoch taugte das hiesige Material wegen seiner morschen Einschlüsse dann doch nicht – ein Glück für die Nachwelt, der die Katzensteine deshalb weitgehend erhalten blieben.

Neben der schlichten Bewunderung kann der Besucher sich hier auch spielerisch ausleben. Während Spray-Aktionen oder Steine klopfen sinnvollerweise verboten sind, darf immerhin geklettert werden. Nicht direkt an den Steinen, aber zwischen ihnen: Ein nicht einmal mannsbreiter Spalt führt höhlenartig zwischen den beiden größten Brocken hindurch.

Adresse 53894 Katzvey | **Anfahrt** Die Felsen liegen direkt an der L 61 zwischen Satzvey und Mechernich und sind ausgeschildert. | **Tipp** Vom Wanderparkplatz »Katzensteine« aus führen zwei hübsche Wanderwege durchs Gelände.

54 Die V1-Stellung
Von der »Wunderwaffe« zum »Eifelschreck«

Da ist also dieser quadratische Schacht. Modriges Wasser schwimmt darin, in dem Insekten ihre Eier ablegen. Und daneben liegt ein etwa zehn Quadratmeter großes Betonfundament, ebenso mit Brennnesseln umwachsen wie der Rest dieser Ruinen. Unspektakulär, könnte man meinen. Aber was man da vor sich sieht, war ein Symbol. Handelt es sich doch um nichts anderes als die letzte Hoffnung der Nazis auf den »Endsieg«.

Das V in V1 steht für »Vergeltungswaffe«. Die Fieseler Fi 103, so die patentierte Bezeichnung, war ab Juni 1944 der erste Marschflugkörper der Kriegsgeschichte. Gestartet wurden die einem kleinen Kampfflugzeug ähnlichen Waffen von einer sogenannten Walter-Schleuder aus, einer 49 Meter langen und bis sechs Meter hohen Rampe. Als sich im Laufe des Jahres 1943 abzeichnete, dass der Krieg für Deutschland nicht zu gewinnen war, begannen Hitler und seine Gefolgsleute, die deutschen »Wunderwaffen« zu beschwören. Dabei wurde suggeriert, dass die angebliche technische Überlegenheit der deutschen Ingenieure den »Endsieg« zwingend herbeiführen würde. In diesem Zusammenhang an vorderster Front: die V1 und bald darauf auch die V2.

Hier auf dem Heltenberg war vom 30. Dezember 1944 bis Mitte Januar 1945 die V1-Feuerstellung Nr. 18 installiert. Soldaten eines Flak-Regiments verschossen von hier V1-Bomben gen Lüttich (105 Kilometer) und Antwerpen (210 Kilometer). Bis Anfang Februar 1945 wurden insgesamt 5.618 dieser Marschflugkörper von den 14 Eifel-Stellungen aus gestartet, aber der militärische Erfolg blieb gering. Zum einen verfügten die angegriffenen Städte über eine effiziente Flugabwehr. Zum anderen stürzten gut ein Fünftel der mit maximal 650 Kilometern pro Stunde fliegenden Bomben ab, bevor sie ihr Ziel erreichten. In der Bevölkerung hatte die vermeintliche »Wunderwaffe« deshalb bald einen ganz anderen Namen weg: der »Eifelschreck«.

Adresse 53539 Kelberg | **Anfahrt** An der Straße von Kelberg gen Bongard liegt nach etwa zwei Kilometern rechts ein kleiner Parkplatz. Von den beiden dort beginnenden Waldwegen nimmt man den linken, die V1-Reste liegen nach 200 Metern links am Wegesrand. | **Tipp** Die V1-Stellung ist Teil der Kelberger Geschichtsstraße, eines ausgeschilderten Wanderwegs (www.geschichtsstrasse.de).

55 Der Steinrausch
Spiel und Spaß am Schlackenvulkan

Zugegeben, dieser Rundweg würde besser in ein Buch mit 111 Eifelorten für Kinder passen. Und tatsächlich wandert man hier zu keiner Tageszeit, ohne auf die ein oder andere Schul- oder Kindergartengruppe zu treffen. Dennoch sei der Erlebniswald Steinrausch hiermit ausdrücklich auch erwachsenen Menschen empfohlen. Warum? – Weil es dort viel zu sehen und zu lernen gibt.

Da wäre zunächst einmal das Gelände selbst. Beim Steinrausch handelt es sich um einen Schlackenvulkan, ähnlich dem Bausenberg bei Niederzissen (siehe Ort 80). Das heißt, hier ist nichts mit Wumm explodiert, sondern die Lava hat aus dem Erdinneren heraus feste Wandschichten aufgebaut und ist irgendwann an deren schwächster Stelle ausgelaufen. Datiert wird dieser Basaltvulkan ins Quartär, also in den Zeitraum von vor 470.000 bis vor 140.000 Jahren. Die wesentlichen Erkenntnisse zum Steinrausch verdanken sich nicht gezielten archäologischen Grabungen, sondern dem Bau einer Pipeline. Sie verläuft von Wesseling bei Köln bis nach Ludwigshafen, der Steinrausch liegt auf ihrem Weg. Abtragungen für die Röhre brachten dann auch neue Erkenntnisse hinsichtlich der beiden Steinbrüche des Kegels, die im 19. und 20. Jahrhundert unterhalten wurden. Poröse Schlacken und fester Basaltstein dienten verschiedensten Zwecken und verhalfen der Region zu Arbeitsplätzen und Einkommen.

Heutzutage stehen zwei Pfeil-und-Bogen-Zielscheiben im alten Steinbruch. Die steile Basaltwand bietet natürlichen Schutz gegen misslungene Schüsse. Tagsüber jedoch sind hier die Kinder aktiv. Sei es an Station 2, wo sie die deutlichen Jahresringe einer Douglasie zählen, oder an der 7, wo sie ihre Weitsprünge mit denen von Waldtieren vergleichen können. Wer sich daran als Erwachsener versucht, braucht keine Angst vor Erschöpfung zu haben: Der Spaziergang durch den Erlebniswald Steinrausch ist nur insgesamt 1,7 Kilometer lang.

Adresse 56746 Kempenich | **Anfahrt** Zugang über den Wanderparkplatz an der B 412, westlicher Ortsausgang | **Tipp** Kempenichs ältester Basaltschatz ist der romanische Taufstein aus der ersten Hälfte des 13. Jahrhundert in der Pfarrkirche St. Philippus und Jakobus.

56 Das Wasserkraftwerk
Zwei Fliegen mit einer Klappe

Das 1463 erstmals erwähnte Dörfchen Keppeshausen ist außergewöhnlich: Mit seinen nicht einmal zwei Dutzend Einwohnern gehört es zu den kleinsten Gemeinden des Landes. Außerdem verfügt es über eine in mancher Hinsicht originelle Brücke. Auf den ersten Blick wird das allerdings nicht klar.

Der Flussübergang von Keppeshausen besteht aus Stahl und Beton und führt seit 1963 über die Our ins luxemburgische Stolzembourg. Schon die Römer sollen hier eine Furt genutzt haben, die erste Brücke entstand vermutlich um 1760. Mangels Pflege soll es immer wieder zu Unfällen gekommen sein: Kühe stürzten über die niedrige Mauer in den Fluss, 1824 ertrank der Stolzenburger Mathias Lisch in den Fluten. Dem Einmarsch der Wehrmacht am 10. Mai 1940 folgte vier Jahre darauf die totale Zerstörung. Nachdem man 1956 zunächst die historische, stark gewölbte Eselsbrücke wieder aufbaute, entschied man sich Anfang der 1960er für das heutige, verkehrstauglichere Modell. Umgewidmet wurde inzwischen auch das alte Zollhäuschen auf der westlichen Seite. Seit der Warenverkehr zwischen Luxemburg und Deutschland zollfrei ist, dient es als Infostätte des Deutsch-Luxemburgischem Naturparks. Die heutzutage einträchtige Zusammenarbeit der Länder gilt jedoch nicht nur für den Verkehr über der Brücke, sie setzt sich sogar darunter fort. Dort nämlich ist die Our seit den 1960ern zu einem kleinen Wehr aufgestaut, um Strom zu produzieren. Ein paar Kilometer südlich liegt auf luxemburgischer Seite das gigantische Pumpspeicherkraftwerk Vianden, das die Our flussabwärts aufstaut. Während die Turbinen dort Tausende Megawatt erarbeiten, geht es in Keppeshausen nur um einen winzigen Bruchteil davon. Jedoch haben beide Anlagen denselben – bilateralen – Betreiber: Die Société Electrique de l'Our (SEO) gehört zu jeweils 40,3 Prozent dem Staat Luxemburg und dem deutschen Energieriesen RWE Power.

Adresse 54673 Keppeshausen | **Anfahrt** der Dorfstraße zur Our-Brücke folgen | **Tipp** Das Pumpspeicherkraftwerk Vianden, das größte seiner Art in Europa, kann besichtigt werden (www.vianden-info.lu).

57 _ Die Matthiaskapelle
Das einzige Apostelgrab nördlich der Alpen

Auf Leonardo da Vincis berühmtem »Abendmahl« fehlt er. Der jüdische Gelehrte Matthias, gestorben um 63, gelangte erst als Nachfolger des Verräters Judas Ischariot in den Kreis der Apostel. Je nach Zählung nennt man ihn den 12. beziehungsweise 13. Apostel. In deutschen Landen jedoch spielte Matthias spätestens ab dem Mittelalter eine bedeutende Rolle, liegt er doch als Einziger der Jüngerrunde hier begraben. Wie seine Gebeine an die Mosel gelangten, ist umstritten. Die meisten Kirchenhistoriker gehen davon aus, dass sie zu Anfang des 4. Jahrhunderts auf Befehl der römischen Kaiserin Helena nach Trier kamen. Dort gerieten sie zwischenzeitlich in Vergessenheit, bis man sie beim Bau der heutigen Abteikirche St. Matthias im Jahr 1127 wiederentdeckte. In der Folge entstand eine kultische Verehrung des Heiligen, Tausende Pilger wallfahrten alljährlich zu seinem Grab. Und in diesem Zusammenhang ist dann wohl auch der Bau der Matthiaskapelle neben der Koberner Oberburg zu sehen.

Heinrich von Isenburg-Kobern war Teilnehmer des fünften Kreuzzugs in den Jahren 1217 bis 1221. Wie die meisten anderen endete der »heilige Krieg« in einer Niederlage des christlichen Heeres. Heinrich jedoch brachte eine geraubte Kopfreliquie mit nach Hause, die er als das Haupt des Apostels Matthias ansah. Bekanntlich geht es in diesen Dingen weniger um historische Wahrheiten denn um religiösen Glauben. Und Heinrich wusste, wie dieser zu fördern war: mit einer architektonisch völlig außergewöhnlichen Kapelle.

Des Kreuzritters Baumeister orientierte sich offenbar an der Grabeskirche von Jerusalem. Der sechseckige, zentrale Grundriss zeugt davon, ebenso der rund 14 Meter hohe, turmartige Mittelbau, in dem wahrscheinlich Matthias' Haupt aufbewahrt wurde. Allerdings nur für die nächsten 150 Jahre, denn danach gelangte es auf Umwegen ebenfalls in die Abtei St. Matthias in Trier.

Adresse Oberburg, 56330 Kobern-Gondorf | **Anfahrt** Die Oberburg liegt sichtbar und ausgeschildert hoch über dem Ort. | **Öffnungszeiten** Sonntag vor Ostern bis 1. Nov. jeweils an Sonn- und Feiertagen 11–17 Uhr | **Tipp** Wer auf Matthias' Spuren wandelt, sollte sein Grab in der Abtei St. Matthias in Trier besuchen (www.abteistmatthias.de). Foto oben: Blick von der Kapelle auf die Niederburg.

58 Die Via Agrippa
Römerstraße der Eifel

Nettersheim ist ohne Frage die Eifelstadt mit dem reichsten Römerschatz. Hier entspringt der Grüne Pütz, die Quellfassung der antiken Wasserleitung gen Köln (siehe Band 1, Ort 83). Der Archäologische Landschaftspark wiederum wartet mit den imposanten Überresten einer römischen Siedlung samt Kastell sowie einem darüber thronenden Matronentempel auf. Ein dort unten an der Urft gefundener Meilenstein aus den Jahren 249/251 erzählt davon, wie jenes wahrscheinlich »Marcomagus« genannte Dorf an die Außenwelt angebunden war. Sogenannte Leugensteine setzten die römischen Erbauer in regelmäßigen Abständen an ihre Überlandstraßen. Darauf verzeichnet war neben dem Namen des amtierenden Kaisers die Entfernung zur nächsten Stadt. Eine Leuge – eine von den Kelten übernommene Maßeinheit – entspricht 2,2 Kilometern. Und die Straße, die von Köln über Nettersheim bis nach Trier führte, war die Via Agrippa.

Archäologen und Landschaftsentwickler haben in Nettersheim in den letzten Jahren viel geleistet. Die Via Agrippa wurde soweit möglich für Wanderer und Radfahrer erschlossen (siehe Website). Westlich der Ortschaft an der Steinfelder Straße markiert ein »Mansio« genanntes Gebäude einen weiteren Streckenabschnitt der Fernroute. Das lateinische Wort bezeichnete die Rasthäuser entlang der Strecke. Sie boten Kost, Logis und Ställe, nicht selten ergänzt durch eine Badegelegenheit. Bauleiter dieser umfangreichen Maßnahmen war der Feldherr und Politiker Marcus Vipsanius Agrippa (64–12 vor Christus.). Der Freund (und Schwiegersohn) des Augustus wirkte erstmals um 39 vor Christus als Statthalter Galliens. Neben seinen umfangreichen Leistungen für die Infrastruktur der Region gründete er auch das Oppidum Ubiorum, eine Siedlung von ins Linksrheinische versetzten Ubiern. In den folgenden Jahrhunderten wuchs sie sich zu Deutschlands ältester Millionenstadt aus: Köln.

Adresse Der Leugenstein der antiken Via steht im Archäologischen Landschaftspark Nettersheim (www.archaeologischer-landschaftspark.de). Einen Gesamtüberblick zum Straßenverlauf bietet die Website www.erlebnisraum-roemerstrasse.de. | **Tipp** Im Naturzentrum Eifel in Nettersheim (www.naturzentrum-eifel.de) findet man eine Kopie des Leugensteins.

59_ Der Mühlensee

Bergwerk und verbleites Vieh

Nach Kommern fährt man vor allem wegen des Rheinischen Freilichtmuseums. Oder wegen der vielen schmucken Fachwerkhäuschen im Ortskern. Ganz so idyllisch, wie es heute aussieht, ging es hier in alten Zeiten jedoch nicht zu. Denn Kommern war über Jahrhunderte ein Zentrum des Bleibergbaus. Das Bergwerk im südlich sich anschließenden Mechernich wurde von den Herzögen der Burg Kommern ausgebeutet.

»Starben drei Pferde, weil sie mit Blei verseuchtes Heu von einem Mechernicher Bauernhof fraßen, das in der Nähe des Bleibachs geerntet wurde?«, fragte 2017 eine rheinische Zeitung. Dabei hatten doch Ökologen und Landschaftsarchitekten alles getan, um den toxischen Bach zu entschärfen. 2.000 Jahre lang hatte die »Grube Günnersdorf« das Gewässer sowie das gesamte Mühlental verseucht. Vor allem die Industrialisierung des 19. Jahrhunderts produzierte Schlackehalden und Schlammbecken des hochgiftigen Materials. Bevor das Bergwerk 1957 schloss, war das Viehsterben in Kommern an der Tagesordnung gewesen. Jedes Frühjahr überschwemmte der Bach die Wiesen, spülte Blei aus den Rückständen, und die Kühe erkrankten an unbekömmlichem Gras. In den 1960ern jedoch wollte Kommern Luftkurort werden, und in diesem Zusammenhang kam man auf die Idee mit dem Mühlensee. Der Bleibach wurde aufgestaut, sodass sich der weiterhin aus dem Gestein sowie dem aufgelassenen Bergwerk gespülte Schlamm dort absetzen konnte. Das Projekt war so erfolgreich, dass das Mühlental zum Erholungspark ausgebaut werden konnte. 1972 fand hier gar eine Landesgartenschau statt. Heutzutage ist der Mühlensee ein sehr stiller Teich an einer ziemlich lauten Straße. Der Bleibach jedoch hat seine Tücke nicht verloren: Laut den Untersuchungen von 2017 waren die Bleigrenzwerte im Heu um das bis zu Vierzigfache überschritten. Mit anderen Worten: Dort zu spazieren, sei angeraten. Aber besser nicht grasen.

Adresse 53894 Kommern | **Anfahrt** über die B 266 südlich des Ortes Richtung Mechernich | **Tipp** Zur Vertiefung des Themas bietet sich ein Besuch des Mechernicher Bergbaumuseums an (www.bergbaumuseum-mechernich.de).

60 Varnenum
Römische Siedlungspolitik im Indetal

Nebenan grasen Kühe. Wiesen und Felder ziehen sich bis zum Horizont, den einzelne Kirchtürme und die ersten Höhen profilieren. Verwaltungstechnisch gehört Kornelimünster sogar noch zu Aachen, aber diese Hochfläche namens Schildchen riecht bereits nach Eifel. Heute stehen hier im Tal der Inde die Überreste eines antiken Vicus, die Mauern wurden bis in ein Meter Höhe rekonstruiert. Nicht gerade viel, wenn man bedenkt, dass allein der Tempelbezirk 150.000 Quadratmeter umfasste. Das war einst ein kleines Dorf hier. Aber sowenig davon auch erhalten sein mag, der Ort hat bis heute Atmosphäre.

Als die Archäologen hier ab 1907 zu graben begannen, fanden sie mehrere Bronzetäfelchen. Zwei Gottheiten werden dort gepriesen. Eine davon heißt Varneno, über den nichts weiter bekannt ist, der den Forschern jedoch als Namensgeber diente. Interessanter ist seine Kollegin, die den Namen Sunuxsal trug. Denn in dieser Muttergottheit vermischen sich offenbar die keltischen, germanischen und römischen Kulte ihrer Zeit. Varnenum, so vermutet man, wurde um Christi Geburt gegründet. Ursprünglich war, grob gesagt, das linksrheinische Gebiet keltisch gewesen, das rechtsrheinische hingegen von Germanen besiedelt. Cäsar jedoch vertrieb im Gallischen Krieg (58 vor Christus) die Kelten und holte Germanen über den Fluss. Unter anderem die Sunucer, die westlich der (Kölner) Ubier im Raum Zülpich, Jülich, Aachen ein neues Zuhause fanden. Vielleicht, so besagt eine Theorie, stammen sie sogar direkt von den Ubiern ab, einem Stamm, den die römischen Herren als durchweg loyal empfanden.

Die Ruhe des einstigen Tempelbezirks wird heutzutage ein wenig durch den Lärm der Breiniger Straße gestört. Wer auf ihr zurück nach Kornelimünster fährt, stößt in der Propsteikirche auf weitere Heiligtümer aus der Zeit der Varnenum-Gründung: das Schürztuch, das Schweißtuch und das Grabtuch Christi.

Adresse Breiniger Straße, 52076 Kornelimünster | **Anfahrt** östlich der Ortschaft an der Breiniger Straße gen Breinig, ausgeschildert | **Tipp** Die christlichen Heiligtümer in der Propsteikirche sucht man die meiste Zeit vergeblich. Sie werden nur alle sieben Jahre präsentiert. Das nächste Mal im Jahr 2021.

61 Die NS-Meisterschule
Kunst für Blut und Boden

Als Adolf Hitler 1944 seine Gottbegnadeten-Liste der zwölf wichtigsten bildenden Künstler erstellte, war er dabei: der Maler Werner Peiner, geboren 1897 in Düsseldorf. Schon in den 1920er Jahren hatte er erstmals im beschaulichen Eifeldörfchen Kronenburg gelebt und gearbeitet. 1936 dann gründete er hier die Hermann-Göring-Meisterschule für Malerei. Die Einweihungsrede hielt der Namenspatron persönlich.

Das Gebäude des renommierten Vorkriegs-Architekten Emil Fahrenkamp steht bis heute. Inzwischen fungiert es als landeseigenes »Haus für Lehrerfortbildung«. Schulleiter Peiner war bereits 1933 von der Düsseldorfer Kunstakademie zum Professor für Monumentalmalerei ernannt worden. Der Titel verdeutlicht zugleich, worum es in der Kronenburger Meisterschule ging: Hier sollte der künstlerische Nachwuchs von Nazi-Deutschland ausgebildet werden. Wer aufgenommen werden wollte, hatte einen »Arier-Nachweis« vorzulegen und sich den strengen Regeln des Instituts zu unterwerfen. Julius Peiner sah sich selbst als »führenden Meister«, seine Eleven teilte er in Lehrlinge, Gesellen und Meisterschüler. Auch mehrere später bekannt gewordene Eifelmaler studierten hier, allen voran der nach 1945 in Kronenburg sehr umtriebige Rolf Dettmann.

Zu Peiners bekanntesten Werken zählen die riesigen Gobelins für Hitlers Neue Reichskanzlei in Berlin: ein Schlachtenzyklus mit acht Bildteppichen von jeweils 5,40 Metern Höhe und zehn Metern Breite. Unter Görings Patronage stieg Peiner zu einem der bestverdienenden Künstler des Dritten Reiches auf, in seiner Kronenburger Meisterschule gab sich die Nazi-Prominenz die Klinke in die Hand. 1944 jedoch war damit Schluss. Aus Blut-und-Boden-Kunst wurde blutig-bitterer Ernst, US-Truppen standen vor Kronenburg. Werner Peiner verließ das Dorf im Herbst des Jahres. Als er nach der Kapitulation zurückkehren wollte, wurde ihm der Eintritt verwehrt.

Adresse Burgstraße 20, 53949 Kronenburg, www.fortbildung-kronenburg.nrw.de | **Anfahrt** Die Burgstraße geht von der B 421 ab und führt direkt in den Ort. | **Öffnungszeiten** Das Haus kann nur von außen oder im Rahmen von Seminaren besichtigt werden. | **Tipp** Nationalsozialismus in der Eifel – das ist das Thema des Dokumentationszentrums rund um die ehemalige NS-Ordensburg Vogelsang (www.vogelsang-ip.de).

62 Der Hopfenpfad
Bitterstoff fürs Bier

Bitburger, das weltberühmte Pils der Eifel, stammt ursprünglich aus Kyllburg. Die Nachfahren der Brauerfamilie Simon wanderten jedoch im frühen 19. Jahrhundert nach Bitburg aus. Was Kyllburg blieb, war der Hopfen. Er zaubert das Bittere ins Bier und fördert die Steifheit der Schaumkrone. Auf Fotos aus jener Zeit sieht man den Wald vor lauter Hopfenstangen nicht. Abertausende Pflanzen wuchsen zwischen Malberg, Kyllburg und St. Thomas in die Höhe. Selbst die Gärten links und rechts der Straßen und hoch zur Stiftskirche wurden bepflanzt. Die britische Reiseschriftstellerin Katharine Macquoid schrieb 1895: »Als wir am nächsten Morgen hinausschauten, schien die Sonne strahlend auf einen kleinen Hopfengarten. Die Wirkung von soviel schwankendem grünem Laub war herrlich. Jedermann schien in Kyllburg einen Hopfengarten zu besitzen.«

Im Konkurrenzkampf um das »Grüne Gold« sollte die bayrische Hallertau letztendlich siegen. 1910 wurde der Hopfenanbau eingestellt. Voller Wehmut schickte der Eifelverein 1927 einen Blick zurück: »Welch ein Genuß war es, durch die blühenden Hopfengärten zu wandeln und den kräftig würzigen Blütenduft zu trinken! Vorbei! Wie jene gute alte Zeit, da es zum Attribut einer sorgsamen Hausfrau gehörte, dem Eheherrn selbstgebrautes, kräftiges Hausbier vorsetzen zu können.«

Hopfenranken findet man in Kyllburg bis heute – als verwilderte Nachkommen einer einstigen Kulturpflanze. Und im Wald gen St. Thomas existieren noch die alten Anbauterrassen, heutzutage erschlossen durch den schmalen Hopfenpfad. Wie große Stufen hatte man sie einst in die Steilhänge am Fluss gearbeitet, um dort Hunderte kleiner Felder anzulegen. Die roten Sandsteinmauern sind inzwischen vermoost, von Gestrüpp überwachsen und brüchig geworden. Statt Hopfenstangen bevölkern wieder Buchen, Eichen und Fichten die Hänge. Bier brauen kann man mit denen nicht.

Adresse 54655 Kyllburg | **Anfahrt** über den Meiselter Weg in den Wald, Beginn des ausgeschilderten Hopfenpfades nach ein paar hundert Metern | **Tipp** Ullis Open, die Bahnhofsgaststätte und das Hotel Zur Post bieten Gelegenheit, Bitburger Bier vor Ort zu verkosten. Foto oben: Kyllburger Hopfenterrassen 1919.

63 Der Rauschen
... und das Rauschen

Der Schriftsteller Norbert Scheuer hat sogar einen Roman nach ihm benannt: Sein 2009 erschienenes Buch »Überm Rauschen« handelt von einer Kindheit in der Eifel der Nachkriegszeit, es gewann mehrere Preise. Kaum verklausuliert ist der Ort der Handlung: Kyllburg, die kleine Stadt mit der großen Mühlenvergangenheit.

Der Rauschen rauscht, aber es ist nicht nur das Rauschen, das den Rauschen zum Rauschen macht. Denn im Volksmund wird damit ein Stauwehr an der Kyll bezeichnet, das Wasser über den Mühlenteich zur Getreidemühle leitet. Der Kyllburger Rauschen verbindet die Gegenwart mit einer jahrhundertealten Tradition. Denn schon im Mittelalter wurde an diesem Ort Getreide gemahlen. Spätestens ab 1250 gehörte die Kyllburger Mühle dem Erzbischof in Trier. Dieser verpachtete sie an wechselnde Müller. Unter anderem waren sie verpflichtet, jedem Mühlgast genau sein Getreide zu mahlen, ohne es zu vermischen. Nicht selten litten sie unter Überschwemmungen und Eisbruch, das Geschäft war hart. Im Frühjahr 1638 bat die Müllerin Catharina Salm um Pachtermäßigung. Der Dreißigjährige Krieg hatte sie an den Rand des Ruins getrieben. Ein Drittel der Kundschaft war getötet worden. Der Rest traute sich wegen der einquartierten Soldaten, der »Lothringisch Leut«, nicht mehr nach Kyllburg und ließ andernorts mahlen. Die Anfang des 20. Jahrhunderts installierte Wasserturbine der Mühle produzierte dann den ersten Strom der Ortschaft. Den Überschuss leitete man weiter an die Kyllburger Haushalte. Gemahlen wird hier seit 2012 leider nicht mehr, wahrscheinlich nie mehr. Die Zahnenmühle arbeitete nicht mehr rentabel. Noch immer jedoch liefert die Turbine am Mühlenwehr einige Kilowatt Strom – dem Rauschen sei Dank. Und noch immer korrespondieren die hoch aufragenden Silos am Ufer mit dem nicht minder steilen, von der Stiftskirche gekrönten Stiftsberg.

Adresse Mühlengasse, 54655 Kyllburg | **Anfahrt** Die Kyllbrücke bildet das Ortszentrum. | **Tipp** Der Weg hoch zur mittelalterlichen Stiftskirche ist zwar mühsam, lohnt sich jedoch (siehe Band 1, Ort 61).

64 Die Achterhöhe
Ein Skywalk über dem Üßtal

Man nennt diesen Ort hoch im Wald auch den Siebenbachblick. Statt sieben Gewässern fließt dort zwar nur ein einziger Bach; aber der dafür so serpentinenreich, dass sein Wasser sieben Mal durch die dichte Bewaldung schimmert. Der insgesamt nur 49 Kilometer lange Üßbach formte auch das Tal von Bad Bertrich mit seinen spektakulären Steilwänden (siehe auch Ort 7). Nicht weniger intensiv hat er zwischen Strotzbüsch und Lutzerath gearbeitet, um dem heutigen Besucher ein imposantes Panorama zu bieten. Bei klarem Wetter blickt man vom Hunsrück zur Linken bis zur Hohen Acht ganz rechts, dem mit 747 Metern höchsten Berg der Eifel. Mittig dazwischen erspäht man den Römerberg, mit rund 20.000 Jahren ein relativ junger Vulkankegel, der ans kreisrunde Pulvermaar grenzt. Vom ebenfalls sichtbaren Wartgesberg wiederum stammt die imposante, 120 Tonnen schwere Lavabombe, die heute in Strohn ausgestellt ist (siehe Band 1, Ort 101).

Um das Zusammenspiel von Wasser und Erde noch ein wenig zu dramatisieren, hat der Mensch eingegriffen: Seit 2012 können Wanderer von der Plattform Achterhöhe in die Tiefe starren. Die Konstruktion erinnert an den berühmten Skywalk über dem Grand Canyon. Auch der bayrische AlpspiX nahe der Zugspitze fällt einem ein. Dessen Steg ragt zugegebenermaßen etwas weiter über den Abgrund als der bei Lutzerath. Und unter ihm geht es deutlich heftiger in Tiefe. Dennoch erfordert auch das Erobern der 400 Meter hoch gelegenen Achterhöhe einen gewissen Mut. Wer den grob gelöcherten Gitterrost betritt, sollte schwindelfrei sein. Und bei der Suche nach den sieben Üßbacharmen möge man sich besser nicht zu weit übers Geländer lehnen. Dies vorausgesetzt, bietet die Achterhöhe einen beinahe alpinen Anblick. Und wer danach mit weichen Knien aufs Festland zurückkehrt, dem kann geholfen werden. Ein ergonomisch geformtes Waldsofa lädt zum Erholen ein.

Adresse 56826 Lutzerath | **Anfahrt** Zugang über den Wanderparkplatz Tonhügel an der L 103 von Lutzerath nach Bad Bertrich | **Tipp** Die Plattform ist in den Erlebnisweg Achterhöhe eingebunden (www.lutzerath.de). Ebenso eindrucksvolle Aussichten offeriert die nahe, noch 220 Meter höher gelegene Vulcano-Plattform bei Steineberg.

65 Der Michelsberg
Eine Kuppe, viele Aufgaben

Der Michelsberg ist vieles in einem: ein Vulkan, eine Wasserscheide (zwischen Ahr und Erft), eine historische Richtstätte, ein Wallfahrtsort, ein Vermessungspunkt und nicht zuletzt ein Ausflugsziel. Die 588 Meter hohe Basaltkuppe diente schon den Römern zur Orientierung. Ihre Straße von Bonn über Rheinbach nach Blankenheim führte nördlich daran vorbei. Der ältere Name Mahlberg, heute übergewandert zum nächstliegenden Dorf, deutet darauf hin, dass hier im frühen Mittelalter kultische Handlungen vollzogen und Recht gesprochen wurde. Bis etwa 800 sollen Opferfeuer gelodert haben. In der um 1500 erbauten Kapelle wirkten ab 1732 zwei Jesuiten, die von den eindringenden Franzosen vertrieben wurden. Als diese Ende des 18. Jahrhunderts das Rheinland besetzten, nutzten sie den Michelsberg zur Landvermessung. Auf persönlichen Befehl von Napoleon erstellte Oberst Jean Joseph Tranchot zwischen 1801 und 1814 ein erstes umfassendes Kartenwerk der Region. Dafür diente der Michelsberg als einer von drei topografischen Eckpunkten – neben der Ruine Löwenburg im Siebengebirge und einer Häusergruppe in der Ville bei Bliesheim. Nach der Vertreibung des Revolutionsheeres 1814 führten die Preußen, nun Herren der Eifel, Tranchots Werk fort.

Heutzutage erklimmen Wanderer die stille Kuppe mit der hübschen, um 1500 erbauten Kapelle. Die Aussicht von hier oben ist phänomenal, der Blick schweift vom rechtsrheinischen Siebengebirge bis zur Hohen Acht. Bei gutem Wetter sieht man sogar die beiden Türme des 50 Kilometer entfernten Kölner Doms. Land muss hier nicht mehr vermessen werden, und auch kein Besatzer vertrieben. Jedes Jahr am 29. November finden sich Pilger an der Kapelle ein – der Festtag des Erzengels Michael beginnt unten am kleinen Kreuzweg. Richtig voll wird es hier jedoch nur an schneereichen Wintertagen: Denn der Michelsberg ist außerdem ein Rodlerparadies.

Adresse 53902 Mahlberg | **Anfahrt** Der Hügel findet sich östlich der Ortschaft, der Zugang ist zum Beispiel über den Engelsbergweg möglich. | **Öffnungszeiten** Die Kapelle ist nur nach Absprache geöffnet: Kurverwaltung Bad Münstereifel, 02253/542244, www.bad-muenstereifel.de. | **Tipp** Steinzeitliche Funde vom Michelsberg sind im Hürten-Museum in Bad Münstereifel ausgestellt (siehe Ort 9, www.huerten-museum.de).

22 **Abschläge aus Feuerstein**
Mittelsteinzeit / Mesolithikum
Fundort: Michelsberg

66 Der Neidenbach
Wie ein Dorf seinen Bach zurückbekam

Wer Malberg besucht, hat normalerweise ein klares Ziel: das über dem Dorf thronende Schloss mit seinen mittelalterlichen Wurzeln. Hier trieb einst der Raubritter Kuno sein Unwesen, nach dem die Malberger bis heute »Kunos« genannt werden. Sein früherer Besitz ist derzeit selten geöffnet und weitgehend unrenoviert, aber die Gebäude samt Garten machen auch äußerlich einiges her. Eine eher unauffällige Sehenswürdigkeit bietet sich demgegenüber für Dorfentwickler, Landschaftsgärtner oder einfach Naturliebhaber an: der renaturierte Neidenbach.

Der kleine Wasserlauf entspringt ein paar Kilometer weiter nördlich in der nach ihm benannten Ortschaft. In Malberg mündet er in die Kyll, aber so richtig wahrnehmen konnte man das bis ins Jahr 2012 nicht. Da gab es zwar die Straße »Am Neidenbach«, aber ein Fließgewässer suchte man dort vergeblich. Denn genau genommen befand man sich hier »über dem Neidenbach«, der unter dem Asphalt in einer Röhre lief. Wer einen Moment innehielt, konnte ihn immerhin hören – als leises Rauschen, einer Wasserspülung ähnlich. Was dem Naturfreund ein Ärgernis war, hatte für die Bachbewohner fatale Konsequenzen. Für Fische war der Pegel dort unten viel zu flach, auch die grobe Betonsohle machte ihnen zu schaffen. Bachkiesel, Schlick oder Wasserpflanzen: Fehlanzeige.

Das änderte sich erst durch ein Förderprogramm des Landes Rheinland-Pfalz namens »Aktion Blau Plus«. Für insgesamt 450.000 Euro wurde der Neidenbach in seinem Mündungsbereich zurück ans Tageslicht gehoben. Die Röhre verschwand zugunsten eines nun wieder naturnahen Uferbereichs. Verändert hat sich seitdem auch der Straßenbelag des Dorfzentrums. Auch er wurde gewissermaßen »renaturiert«, indem man dort nun statt auf der Teerschicht auf historisch anmutendem Kopfsteinpflaster wandelt. Dass es zudem wieder einen Dorfladen gibt, freut durstige Wanderer genauso wie die Kunos.

Adresse Am Neidenbach, 54655 Malberg, www.malberg-eifel.de | **Anfahrt** Das Sträßchen liegt im Zentrum und geht vom Kirchplatz ab. | **Tipp** Eine weitere versteckte Sehenswürdigkeit ist der jüdische Friedhof von Malberg. Um ihn zu erreichen, geht man auf der Tellstraße über die Kyllbrücke und dann links Richtung Kyllburg.

MAYEN

67 _ Die Römerwarte
Wache wider die »Wilden«

Weithin sichtbar ist der hölzerne Pavillon auf dem Katzenberg. Nicht viele Touristen erreichen ihn, denn vom lebhaften Treiben in Mayen ist er ein gutes Stück entfernt. Wer ihn dennoch besteigt, lernt einiges über die römische Geschichte der Eifellandschaft rund um den Laacher See. Im 3. Jahrhundert unserer Zeitrechnung begann der Niedergang der römischen Herrschaft. Immer wieder hatten Horden von Germanen über den Rhein gesetzt, seit 260 war die östliche Grenzbefestigung, der mächtige Limes, Geschichte. Raubend und vandalierend fielen sie in die Siedlungen ein, Angst machte sich breit. Eine Antwort der wankenden Supermacht bestand in der Errichtung von Höhenburgen, in denen die Anwohner bei Bedarf Schutz fanden. Dass deren größte bei Mayen stand, ist kein Zufall, war der Ort doch ein bedeutendes Wirtschaftszentrum. Mayener Mühlsteine und Tongeschirr wurden über die hier vorbeifließende Nette und den Rhein nach ganz Europa geliefert.

Unter dem Schutzbau auf dem Katzenberggipfel liegt der nackte, einst von Beobachtungsposten besetzte Fels. Die in den Schiefer gehauenen Fundamentgräben und Pfostenlöcher sind heute kaum noch zu erkennen. Vor gut 1.700 Jahren jedoch war dieser Hügel dicht bebaut. Der Posten auf der Kuppe verfügte sogar über eine Fußbodenheizung, um die wachhabenden Soldaten vor dem Winterfrost zu schützen. Von hier oben aus standen sie mit weiteren Höhenbefestigungen des Nettetals in optischer Verbindung.

Um dem Besucher das Ausmaß der einstigen Anlagen vor Augen zu führen, wurde gen Südwesten ein längerer Abschnitt der Wehrmauer samt zweier Rundtürme rekonstruiert. Im Nordosten, wo der Hügel nicht steil genug abfällt, war das Terrain gar mit einem dreifachen Schutzgürtel gesichert. Wie die Mauersteine, so stammten auch die Dachbedeckungen aus der direkten Umgebung. Es handelte sich um Schieferplatten – bis heute ein Mayener Exportschlager.

Adresse 56727 Mayen | **Anfahrt** Zugang über den Parkplatz an der St.-Barbara-Straße, der Beschilderung folgen | **Tipp** Nahebei liegt das Vulkanpark-Erlebniszentrum Terra Vulcania, das unter anderem vertiefende Informationen zur römischen Geschichte Mayens liefert (www.vulkanpark.com/terra-vulcania).

68 Die sieben Schwaben
Meister Lampe und die Hasenfüße

Es waren einmal sieben Schwaben, die beschlossen, in die Welt zu ziehen und Abenteuer zu erleben. Wirklich mutig aber waren die Gesellen nicht. Als sie eines Tages einem schlafenden Hasen gegenüberstanden, hielten sie ihn für ein Ungeheuer und waren kurz davor, Reißaus zu nehmen. Irgendwann erreichten sie die Mosel und wussten nicht, wie übersetzen. Ein örtlicher Bauer sowie ein Frosch beantworteten ihre dementsprechende Frage mit »Wat? Wat?«. Und weil die sieben Schwaben auch nicht die Klügsten waren, nahmen sie das für »Wate! Wate!«, stapften in den Fluss und ertranken allesamt.

So geht, sehr kurz zusammengefasst, das Märchen um die sieben Schwaben. Überraschenderweise begegnet man ihm in Form einer Figurengruppe an der Mayener Heilig-Geist-Kapelle. Der Hintergrund: Schwaben und Hase waren einst Teil eines hiesigen Märchenparks. Amerikanische Soldaten schlugen ihnen die Köpfe ab. Marlies Willems-Comes jedoch, Tochter des Mayener Steinmetzen Heinrich Comes, modellierte neue Häupter. Als dann in der Nachkriegszeit der Märchenpark einem Parkplatz geopfert wurde, schien das Ende gekommen. Aber die Schwaben hatten Glück – statt auf dem Acker der Geschichte landeten sie am Rande der Mayener Innenstadt.

Die sieben Schwaben bestehen aus gefärbtem Eifeler Basalt. Der kleine, in die Straße eingelassene Bachlauf neben ihnen mag für die reißende Mosel stehen, in der sie ihr Ende fanden. Die Gesichter, die da in Richtung »Ungeheuer« starren, wirken müde, überanstrengt – und hasenfüßig. Nur Veitli, der hinterste mit der Trommel, scheint guten Mutes: »Stoß zu in aller Schwabe Name, sonst wünsch i, daß ihr möcht erlahme«, ruft er. Der voranschreitende Herr Schulz hingegen würde die schwere Lanze wohl lieber fallen lassen und die Beine in die Hand nehmen. Bis er erkennt: »Potz, Veitli, lueg, lueg, was isch das? Das Ungehüer isch a Has!«

Adresse Stehbach 29, 56727 Mayen | **Anfahrt** Die Figuren stehen im nördlichen Ortszentrum, neben der Heilig-Geist-Kapelle. | **Tipp** Mayen hat viel zu bieten, am bedeutendsten in Sachen Eifel ist das große Eifelmuseum in der Genovevaburg (www.gavmayen.de).

69 Die Akropolis
Ein Stückchen Griechenland an der Ahr

In wenigstens einer Hinsicht ist die Akropolis von Mayschoß der in Athen überlegen. Während diese den Rest der Stadt um lediglich 156 Meter überragt, sind für jene nahezu 200 Höhenmeter zu bewältigen. Auch könnte man darüber diskutieren, wo die Aussicht schöner ist, aber damit erschöpfen sich die Vergleiche dann auch. Mit »Akropolis« bezeichneten die Griechen ursprünglich die Wehranlage einer Stadt, später die Kultstätten. Auf dem Mönchberg über Mayschoß hingegen geht es nicht ums Schießen oder Beten, sondern eher um die Entspannung nach einem zünftigen Aufstieg.

Mit seiner absoluten Höhe von 330 Metern kann es auch der Mönchberg nicht mit seinen alpinen Verwandten aufnehmen. Die Steilheit des Felsens und der Blick über das Ahrtal müssen sich jedoch vor keiner Alpenkulisse verstecken. Das sagte sich auch die 1924 gegründete Ortsgruppe des Eifelvereins in Mayschoß. Dreißig Pioniere arbeiteten an der touristischen Aufforstung ihrer Heimat und begannen damit, Wanderwege auszuschildern und Ruhebänke aufzustellen. Nach einer langen, kriegsbedingten Pause machte man sich Anfang der 1970er Jahre an die Errichtung einer Wander- und Schutzhütte. Kräftige Baumstämme dienen als Gebäudepfeiler, schwere Balken liegen als Dachstützen darüber. Gemeinsam ahmen sie die Struktur des antiken Parthenon nach, Tempel der Stadtgöttin Athene. Die in Griechenland leeren Zwischenräume der Pfeiler wurden an der Ahr allerdings mit horizontal verlegten Rundhölzern gefüllt, sodass das Gebäude eher an einen Westernsaloon erinnert. Es war ein Mayschoßer Student, der den groß geschnitzten Namenszug unter dem Schieferdach verantwortet. Zurückgekehrt von einer Griechenlandreise, feierte er das Wiedersehen mit seinen Freunden auf dem Gipfel des Mönchbergs. Und nach ein paar geistigen Getränken stellte der junge Mann erstaunt fest: »Hier ist es schöner als auf der Akropolis.«

Adresse 53508 Mayschoß | **Anfahrt** Die Akropolis liegt nördlich des Ortes, weit oben, die Wanderung beginnt zum Beispiel ab Bahnhof Mayschoß. | **Öffnungszeiten** Die Berghütte ist am 2. und 4. Sonntag jeden Monats bewirtschaftet. | **Tipp** Mit der Grundsteinlegung der Hütte 1972 wurde der Rotweinwanderweg eingeweiht, auf dem man auch den Mayschoßer Mönchberg überquert (www.ahr-rotweinwanderweg.de).

70 — Die Wingertsbergwand
Ein offenes Buch zur Vulkanologie

Mit Wingert bezeichnet man eigentlich einen Weingarten. Aber von Früchten ist hier nichts zu sehen. Stattdessen gestaltet sich der Weg zur Wingertsbergwand recht staubig, führt er doch an einem noch aktiven Steinbruch entlang. Dass alle paar Meter Schilder vor »Sprengarbeiten« warnen, verleiht der Tour einen zusätzlichen Thrill. An grollenden Lkw vorbei und über mächtige Schlaglöcher hinweg erreicht man schließlich diese Wand, die selbst ohne Kenntnis der Hintergründe atemberaubend wirkt. Bis zu 50 Meter hoch, erzählt dieser unter Geologen weltbekannte Wall vom Ausbruch des Laacher Vulkans vor rund 13.000 Jahren. Jede einzelne Eruption hat ihre Bimsschicht hinterlassen, wie schraffiert, manchmal wie mit dem Lineal gezogen.

In den unteren Schichten erkennt selbst der Laie deutlich die eingeschlossenen Gesteinsbrocken. Sie stammen von den eingestürzten Kraterwänden, wurden mit bis zu 1.000 Kilometern pro Stunde in die Luft geschleudert und lagerten sich in der Wingertsbergwand ab. Wie diese Zahl, so sind auch die weiteren Ausmaße der Katastrophe kaum zu fassen. Rund 6,5 Kubikkilometer Material wurden insgesamt in vielen Wellen aus der Erde geschleudert, die Gesteinsbrocken schossen bis zu 2.000 Meter in den Himmel. Etwa zwei Tage nach dem ersten Ausbruch begannen pyroklastische Ströme zu fließen. Mit 700 Kilometern pro Stunde rasten diese Glutlawinen in das Brohltal und füllten es beim Erkalten bis zu 60 Meter auf. Der Vulkan begrub eine Fläche von 200.000 Fußballfeldern unter sich, die in die Atmosphäre entlassene Asche ist in Südschweden genauso wie in Norditalien nachweisbar. Die Lavaströme stauten den Rhein zu einem riesigen See auf, dessen Rückstau bis Mannheim reichte. Als der Damm brach, schoss eine Flutwelle gigantischen Ausmaßes gen Holland. Heutzutage wirkt die Welt hier sehr friedlich. Aber die Ruhe trügt, die Erde wird wieder speien. Irgendwann.

Adresse 56743 Mendig | **Anfahrt** vom Zentrum aus auf der Laacher-See-Straße gen Laacher See/A 61, hinter der Vulkanbrauerei rechts der Beschilderung folgen | **Tipp** Umfassende und toll aufbereitete Informationen zur Vulkaneifel erhält man im Mendiger Lava-Dome (www.lava-dome.de).

71 Das Kolbe-Denkmal
»Allen Menschen Bruder«

Die Pfarrstelle in Mettendorf muss stets beliebt gewesen sein. Wo andere Hirten sich mit einem bescheidenen Häuschen begnügen, residiert man in Mettendorf an der Enz in einer stattlichen Villa mit Walmdach. Aus dem 1905 erbauten Haus blickt man auf ein Relikt der ersten Ortskirche: eine Säule aus dem Jahr 1477. 43 Jahre jünger wiederum ist jene Glocke, die in einem auf den ersten Blick recht seltsamen Monument hängt. Der grob ausgeführte Betonbau bildet eine Art Kreuz mit massiver Vertikalsäule. Zur Pfarrvilla hin wurde ihr ein »Barmherzigkeitsbrunnen« angefügt. Der Kirchenseite wiederum haftet neben einer Sonnenuhr eine Widmung an, die das Kreuz zum Denkmal stempelt: »Pater Maximilian Kolbe – Allen Menschen Bruder«.

Maximilian Kolbe wurde 1894 in der Nähe von Warschau als Sohn eines deutschstämmigen Webers geboren. Nach einer Marienerscheinung 1910 trat er in den Orden der Minderen Brüder ein. Acht Jahre später wurde er in Rom zum Priester geweiht. Bald darauf gründete er – zurück im polnischen Niepokalanów – mit anderen Franziskanern die Organisation »Militia Immaculatae«, zu Deutsch: »Ritterschaft der Unbefleckten«. Nach der Besetzung der Stadt durch die Nazis positionierte Kolbe sich klar im Widerstand.

Wie wahrhaftig der »Bruder aller Menschen« war, belegt der Tod des 1982 heiliggesprochenen Märtyrers. Kolbe war 1941 von den Nazis verhaftet worden, weil er polnischen Juden Zuflucht gewährt hatte. Im Sommer des Jahres ließ er sich im KZ Auschwitz für einen zum Tode verurteilten Familienvater austauschen. Im sogenannten »Hungerbunker« spendete er seinen Mitgefangenen Trost, bevor er am 14. August 1941 durch eine Phenolspritze ermordet wurde. An der Einweihung seines Denkmals in Mettendorf nahm 1973 auch jener Mann teil, dem Kolbe damals das Leben gerettet hatte: Franciszek Gajowniczek (1901–1995), der Kolbes Wirken bis zu seinem eigenen Tod auf Vorträgen verbreitete.

Adresse 54675 Mettendorf | **Anfahrt** über die zentrale Enztalstraße zum Kirchvorplatz | **Tipp** Schräg gegenüber der Kirche (Im Fronhof 6) steht ein faszinierendes Naturdenkmal: die Doppelesche mit den beiden zusammengewachsenen Stämmen (siehe auch Ort 19).

72 Die Absturzstelle
Wo Claus von Bohlen und Halbach starb

Die Einweihung im Oktober 1957 begleiteten der Musikverein Ordorf und der Mettericher Kirchenchor. Offiziell stand das Gedenken an die Gefallenen der Weltkriege im Vordergrund. Vier Tafeln aus Kyllsandstein listen die Gefallenen und Vermissten Metterichs auf. Sie hängen im Halbkreis hinter dem Altar der kleinen, mitten in den Wald hineingebauten Kapelle. Die fünfte Tafel jedoch, jene im Zentrum, gibt Aufschluss über den Hauptfinanzier des Gebäudes: die Industriellenfamilie Krupp von Bohlen und Halbach. Und der Mann, dem hier separat gedacht wird, ist Claus Arthur Arnold von Bohlen und Halbach. Geboren wurde der Urenkel von Alfred Krupp 1910 in der Hochburg der Stahldynastie, der Villa Hügel in Essen. Gestorben ist er am 10. Januar 1940 in der Eifel, in der Folge eines Flugzeugabsturzes.

Claus von Bohlen und Halbach hatte in Oxford studiert und bereits leitende Positionen im weitverzweigten Firmengeflecht besetzt, bevor er Soldat wurde. Seit 1938 war er verheiratet, ein Jahr später dann Vater eines Sohnes. Augenzeugen berichteten, jener Januartag sei klirrend kalt, aber klar gewesen. Kein Wölkchen habe den Himmel getrübt. Unzweifelhaft ist, dass von Bohlen und Halbach an jenem Tag seine Messerschmitt bestieg und abhob. Was jedoch danach geschah, daran scheiden sich die Geister. In Metterich hat man sich für die heldenhaftere Variante entschieden. Die Infotafel berichtet von zwei feindlichen Kampfflugzeugen, die den unter ihnen fliegenden Deutschen attackierten. Seine Maschine habe Feuer gefangen und sich beim Absturz zwei Meter tief in den gefrorenen Boden gebohrt. Andere Berichte gehen indes davon aus, dass der Leutnant der Luftwaffe an jenem Tag eine neue Atemschutzmaske habe testen sollen. Deren Versagen habe zu einer Ohnmacht geführt. Aber so oder so: Claus von Bohlen und Halbach und sein Co-Pilot starben an Ort und Stelle, im Mettericher Gemeindewald.

Adresse Bademer Straße, 54634 Metterich | **Anfahrt** Folgt man der Straße aus dem Dorf heraus gen Badem, findet man die Kapelle linker Hand ausgeschildert. | **Tipp** Der ökologisch zertifizierte Mettericher Gemeindewald streckt sich gen Badem und ist groß genug für einen Spaziergang.

73 — Die Herrenwiese
Schieferabbau im Kaulenbachtal

Vor 300 Millionen Jahren bedeckte ein Devonmeer große Teile der Eifel. Es lagerte Sande und Tone ab, die durch seitlichen Druck aufgefaltet wurden. Das dabei entstehende Material kennen wir heute als Schiefer. Aber nur wenn der Stein seine Bergesfeuchte enthält, kann er zu den feinen Platten aufgespalten werden, die manches Hausdach schmücken. Das heißt: Schiefer muss unter Tage gewonnen werden. Und genau das tat man im Kaulenbachtal unterhalb von Müllenbach seit mindestens 1695, dem Jahr der Ersterwähnung.

Auf dem abwechslungsreichen Schiefergrubenwanderweg passiert man die verschiedenen historischen Gruben. Bergeskühle Stolleneingänge und die Ruinen der ehemaligen Betriebsstätten geben Zeugnis von der Blüte des Schieferbrechens. Am beeindruckendsten jedoch: die riesigen, in der Sonne schwarzblau schimmernden Abraumhalden. Die Geschichte des Schieferbergbaus im Kaulenbachtal endete 1959 mit einem Wassereinbruch im letzten betriebenen Schacht, der Grube Maria. Inzwischen bieten Liegebänke dem Wanderer Gelegenheit, das ungewöhnliche Panorama auf sich wirken zu lassen. Unten auf der sogenannten Herrenwiese wurde 2016 eines der alten Spalthäuser rekonstruiert. Heute studiert man hier die Info-Tafeln und packt seine Butterbrote aus. Früher hingegen ging man an diesem Ort einer harten, nicht selten tödlichen Arbeit nach. Die Hoch-Zeit des Schieferbergbaus im 19. Jahrhundert war zugleich eine Zeit großer Armut in der Eifel. Die Maloche im Stollen brachte ein wenig Zubrot, aber man wurde nicht alt dabei. Der im Schiefer enthaltene Quarzstaub setzte den Bronchien zu – sechs Tage die Woche, zwölf Stunden am Tag. Die Folge: eine Staublunge, die berüchtigte Bergmannskrankheit. Schlechte Ernährung, Auszehrung und – vor allem im Winter – Lichtmangel taten ein Übriges, um die Lebenserwartung der Schieferbrecher herabzusetzen. Sie lag bei durchschnittlich 49,3 Jahren.

Adresse 56761 Müllenbach, 56759 Laubach, 56759 Leienkaul | **Anfahrt** Von allen drei Orten aus kann der Rundweg gestartet werden (zum Beispiel in Müllenbach: Wanderparkplatz Auf der Nick). Außerdem bietet der Schieferverein Führungen an (www.schieferverein.de). | **Tipp** In der Schieferlandhalle Müllenbach kann eine kleine ständige Ausstellung zum Thema Schieferbergbau besichtigt werden.

74 _ Der Christophorus
Wo der Hüne ein echter Riese ist

Ein archaischer Bau: Das mächtige Westwerk von St. Martin und St. Severus stammt aus dem frühen 12. Jahrhundert, der Rest ist nur rund hundert Jahre jünger. Der Vorplatz der alten Stiftskirche strahlt mit seinen Cafés, den gedeckten Farben und alten Gemäuern südeuropäisches Flair aus. Auch im Innern stößt man auf Details, die man eher aus südlicheren Gefilden kennt, allen voran die farbigen Wandmalereien des Sakralbaus. Bei Restaurationsarbeiten 1930 kam neben einigen Kapitellfresken eine echte Attraktion zum Vorschein: die monumentale Darstellung eines Christophorus an der Nordwand des Querschiffes. Über acht Meter hoch ist dieser Koloss – hier kommt der Hüne der christlichen Ikonografie wirklich hünenhaft daher.

Ernst und entrückt blickt er drein, der Christophorus. Den strengen Haarschnitt und die breite Nase teilt er mit dem – mannsgroßen – Jesuskind auf seinem Arm. Wie es der Überlieferung entspricht, trägt das Kind die Weltkugel bei sich, verpackt in einem Kästlein. Den Riesen wiederum schmückt ein orientalisch anmutendes Prachtgewand, das Hinweis gibt auf die Entstehung des Gemäldes: Man datiert es in die zweite Hälfte des 13. Jahrhunderts, mithin in die Zeit der Kreuzzüge. Während Christophorus in herkömmlichen Darstellungen zumeist nur einen Stab in der Hand hält, stützt er sich in Münstermaifeld auf einen Baum. Vor allem das Grün seiner Blätter wirkt wie frisch gewässert. Noch auffälliger jedoch sind die großen Augen des Christusträgers. Als Besucher glaubt man sich im gesamten Kirchenraum verfolgt von ihnen. Angst sollte man deswegen jedoch nicht haben, schließlich handelt es sich hier um den Schutzpatron unter anderem der Lastenträger, Kraftfahrer und Reisenden. Und so lautet denn auch der Spruch neben seinem Kopf übersetzt: »Wer immer des heiligen Christophorus Antlitz erblickt, den wird an diesem Tag kein Unheil treffen.«

STI · CHRISTOPHORI
SPECIEM · QVICVMQVE
TVETVR · ILLA
QVOQVE · DIE
NVLLO · LAN
GVORE · TENET

Adresse Münsterplatz, 56294 Münstermaifeld, www.muenstermaifeld.de | **Anfahrt** Die Kirche bildet das Ortszentrum. | **Öffnungszeiten** Die Kirche steht tagsüber offen. | **Tipp** Ebenfalls in die Vergangenheit taucht man ein beim Besuch des außergewöhnlichen Münstermaifelder Heimatmuseums (www.muenstermaifeld.de/museen).

75 Der Zinnenplatz
Emigrant und Hymnenkomponist

Der Zinnenplatz ist sicherlich nicht Neuerburgs größte Attraktion. Da hockt halt, in einer Bucht am Straßenrand, dieser Gedenkstein. Aber der gut einen Meter hohe Felsblock steht für eine interessante, grenzübergreifende Geschichte. Es passiert schließlich nicht häufig, dass ein Einwanderer eine Nationalhymne komponiert. Die Eifel jedoch hat gleich zwei solcher Ausnahmefälle zu bieten. Auf Peter Veit (1883–1968), Sohn eines Trierer Auswanderers, geht die Hymne Thailands zurück. Und der Neuerburger Johann Anton Zinnen schrieb die Noten jenes Liedes, das heutzutage zu feierlichen Anlässen des Staates Luxemburg gesungen wird.

Der Sohn eines Musiklehrers wurde 1827 geboren – zwölf Jahre nachdem seine Heimatstadt Neuerburg von Luxemburg unter die Obhut Preußens gewechselt war. Nach dem frühen Tod der Mutter wanderte die Restfamilie in den 1830er Jahren ins Großherzogtum aus. Der kleine Johann spielte bereits mit 15 Jahren im Echternacher Militärorchester, 1849 erhielt er die luxemburgische Staatsangehörigkeit. Blas- und Marschmusik bildeten seinen ersten Schwerpunkt, aber Zinnen vertonte auch Gedichte. Eines davon, »Ons Hémécht« vom Luxemburger Michel Lentz, wurde 1864 erstmals öffentlich aufgeführt. Offenbar gefielen der Text und die getragene Melodie den Verantwortlichen außerordentlich. 1895 erhob man das Stück zur offiziellen Hymne des Landes.

Weil sein Konservatorium aus finanziellen Gründen schloss, war der Komponist zwischenzeitlich nach Paris ausgewandert. Begraben liegt er jedoch seit seinem Tod 1898 auf dem Cimetière Notre-Dame in Luxemburg-Stadt. In diesem Sinne: »Wou d'Uelzécht durech d'Wisen zéit, / Duerch d'Fielsen d'Sauer brécht, / Wou d'Rief laanscht d'Musel doftèg bléit, / Den Himmel Wäin ons mécht: / Dat as onst Land, fir dat mer géif / Hei nidden alles won, / Ons Heemechtsland dat mir so déif / An onsen Hierzer dron.«

Adresse Zinnenplatz, 54673 Neuerburg | **Anfahrt** über die Tränkstraße/Poststraße nördlich des Zentrums, nahe Stadtpark | **Tipp** Auf dem Cimetière Notre-Dame in Luxemburg-Stadt steht seit 1902 Zinnens großes Grabmonument. Dort liegt übrigens auch der legendäre Hauptmann von Köpenick, Friedrich Wilhelm Voigt, begraben.

76 — Der Sendeturm
Kultur, Musik, Nachrichten (und Werbung)

Wer sich hier umschaut, entdeckt jede Menge Windräder. Schlanke, hohe Türme, aber mit jenem noch schlankeren, der als einziger keine rotierenden Flügel besitzt, können sie sich nicht messen. Der Sendeturm Bärbelkreuz ist beeindruckende 167 Meter hoch und damit ziemlich genau zehn Meter höher als der Dom zu Köln. Dort residiert der Westdeutsche Rundfunk (WDR), der den Sendemast betreibt. Während man am Rhein lediglich um die 50 Meter über Normalnull flaniert, ist der Berg namens Bärbelkreuz eine der höchsten Erhebungen der Eifel. Knapp 663 Meter streckt er sich in den Himmel, und der markante Turm steht nur wenige Meter unterhalb des Gipfels. Vom höchsten Betriebsraum auf 132 Metern aus könnte man – wenn er denn zugänglich wäre – wohl den größten Teil des Zitterwaldes überblicken, wie die Region genannt wird. Der Höhenrücken spannt sich von Hellenthal im Norden bis Kronenburg im Süden. Unter anderem entspringen hier Kyll, Urft und Olef, und mit dem Weißen Stein (690 Meter) verfügt der Zitterwald sogar über ein Skigebiet.

Der Turm aus Stahlbeton wurde 1985 erbaut. Es war die Zeit des Kalten Krieges und der Mittelstreckenraketen, und ein wenig erinnert auch die Form des Senders an ein Geschoss. Der sich nach oben stetig verjüngende Schacht mündet in eine rot-weiß gestreifte, projektilähnliche Spitze. Das Bärbelkreuz ist der südlichste Standort des WDR. Ein paar Kilometer weiter südlich beginnt schon Rheinland-Pfalz und damit das Hoheitsgebiet des Südwestrundfunks (SWR). Sämtliche sechs Hörfunkprogramme des WDR werden von hier aus weitergeleitet, um die Westeifel mit Kultur, Musik, Nachrichten (und Werbung) zu versorgen. Die exponierte Berglage sowie das nach Nordosten hin abschüssige Terrain begünstigen die Reichweite, die bei rund 100 Kilometern liegt. Neben Nordrhein-Westfalen wird so auch das nahe Ostbelgien zu »WDR-Land«.

Adresse 53940 Neuhaus | **Anfahrt** Der Turm liegt nördlich des zu Hellenthal gehörenden Weilers an der L 110. | **Tipp** Neuhaus grenzt an den Dahlemer Wald mit seinen vielfältigen Wandermöglichkeiten (www.dahlem.de).

NIDEGGEN

77 — Das Fresko
Ein Puzzle aus dem 13. Jahrhundert

Unten an der Rur reihen sich die Ausflugslokale aneinander. Durch schmale Gassen erklettert man die Altstadt, vorbei an Stadtmauern und -toren. Kurz vor dem Ziel der meisten Touristen, der Burg der einst mächtigen Herzöge von Jülich, liegt die romanische Pfarrkirche. Achtlos an ihr vorbeigehen sollte man nicht. Denn dann verpasst man die Besichtigung eines der ältesten deutschen Freskogemälde.

Die Geschichte dieses um 1240 geschaffenen Bildes ist zu großen Teilen die einer höchst aufwendigen Wiederherstellung. Oben in der Chorapsis thront Christus in der Mandorla, umgeben von den Symbolen der Evangelisten: der Mensch Matthäus, der Löwe Markus, der Stier Lukas und schließlich Johannes als Adler. Flankiert wird der Gottessohn von Maria und Johannes dem Täufer, während seine Füße auf der Kirche ruhen.

1898 waren die in Kalksecco-Technik ausgeführten Malereien wiederentdeckt und restauriert worden. Aber der Zweite Weltkrieg beschädigte sie so schwer, dass besondere Maßnahmen erforderlich wurden. Der Putz war vielfach zerborsten, einzelne Stücke lappten herunter und wurden notdürftig mit Leukoplast gesichert. Eine Reparatur an Ort und Stelle schien unmöglich, man sah sich gezwungen, das Fresko komplett abzunehmen. Die Bevölkerung spendete 40 Quadratmeter leinene Betttücher, in die man die einzelnen, rund zwei Millimeter starken Stücke verpackte. Ihre Rückseiten mussten mit Spezialhämmerchen und Fingerspitzengefühl auf die gleiche Dicke gebracht werden. Hinzu kam, dass nach dem Wiederaufbau der Kirche die Apsis leicht andere Maße angenommen hatte. So mutierte der erneute Auftrag des Freskos zu einer Puzzlearbeit sondergleichen, die allein acht Monate in Anspruch nahm. Im Juni 1956 jedoch, neun Jahre nach Aufnahme des Restaurierungsprojekts, war es schließlich so weit: Jesus saß wieder auf seinem Thron. Und die Besucher durften wieder staunen.

Adresse Pfarrkirche St. Johannes Baptist, Kirchgasse 6, 52385 Nideggen | **Anfahrt** Die Kirche liegt rechter Hand kurz vor der Burg, am Ende der Kirchstraße. | **Tipp** Die Malerei an der Decke des Mittelschiffs stammt aus dem 20. Jahrhundert. Maler Gangolf Minn orientierte sich dabei an den Farben des mittelalterlichen Freskos.

78 Schweine-Golf
... und eine Spannstation

Oberhalb von Niederdürenbach liegen in unmittelbarer Nachbarschaft zwei recht gegensätzliche Sehenswürdigkeiten. Zum einen ist da die 2009 eröffnete Swingolf-Anlage am Neuen Maarhof. Die aus Frankreich stammende Golfvariante bietet auch ungeübten Interessenten für wenig Geld die Möglichkeit, den in Deutschland noch immer recht elitären Sport zu betreiben. Die wesentlichen Unterschiede: Beim Swin-, also Schweinegolf ist weder Clubmitgliedschaft noch Platzreife erforderlich, man spielt mit einem einzigen Schläger, und der Ball ist größer und weicher. Überdies treibt und puttet man hier mit Blick auf den mächtigen Turm der Burg Olbrück.

Wer seine Runde absolviert und im Biergarten das 19. Loch genossen hat, sollte auf dem Weg zurück jedoch noch einmal anhalten. Knapp unterhalb des Golfplatzes ragt ein seltsam archaisches Mauerstück aus den Felsen. Daneben stehen zwei große Holzfässer, bis zum Rand gefüllt mit Basaltsteinen. Offensichtlich handelt es sich hier um ein Denkmal, aber der Hintergrund bleibt zunächst rätselhaft. Den Knoten löst erst ein Blick auf die nebenstehende Schautafel. Dieser sieben Meter lange, fünf Meter hohe Betonpfeiler ist der letzte Überrest einer ehemaligen Spannstation. Eine Stahlkonstruktion auf seinem Rücken regelte von 1923 bis 1943 die Seilführung für eine Drahtseilbahn, die vom Steinbruch Steimerich bei Oberdürenbach zum Brechwerk in Oberzissen führte. Fast vier Kilometer lang war der Weg, und die Seile hingen zum Teil bis zu 300 Meter frei. Um sie dennoch stramm zu halten, waren enorme Spannkräfte erforderlich, erzeugt von den erwähnten Fässern. Was auf den ersten Blick überaus aufwendig wirkt, ersparte auf den zweiten so manches: den Bau hoher Stützmasten, den Transport übers unebene Gelände des Brohltals und nicht zuletzt den übermäßigen Einsatz von Manpower bei der Verfrachtung des Materials.

Adresse Maarheiderweg, 56651 Niederdürenbach, www.swingolf-maarheide.de | **Anfahrt** Beide Orte liegen nordwestlich oberhalb des Dorfes, die Golfanlage ist ausgeschildert. | **Öffnungszeiten** ganzjährig ab 9 Uhr bis zum Einbruch der Dunkelheit | **Tipp** Der Königssee bei Oberdürenbach entstand als Abbautrichter des Steimerich-Steinbruchs. Das idyllisch gelegene Gewässer lädt zu einem Spaziergang oder Picknick ein.

79 Die Bildtapete
Der Tod von »Paul und Virginie«

Das Hofgut Petry hat sogar schon Preise gewonnen wegen seines historischen Aussehens. Das hochherrschaftliche Gutshaus stammt vom Anfang des 19. Jahrhunderts. Rittergutsbesitzer Jean-Joseph Richard orientierte sich 1823 architektonisch am nahen Schloss Weilerbach. Die originellste Attraktion jedoch erreicht man, indem man über den repräsentativen Treppenaufgang in die gute Stube rechts des Eingangs tritt. Diese nämlich ist – vom Boden bis zur Decke – ausgeschlagen mit einer Bildtapete. Sie erzählt die traurige Geschichte von »Paul und Virginie«.

Der 1788 erschienene Roman von Bernardin de Saint-Pierre (1737–1814) handelt vom Erwachsenwerden und der aufkeimenden Liebe zweier Kinder. Beide wachsen bei alleinerziehenden Müttern auf der damals französischen Insel Mauritius auf. Um für ihre angefochtene Liebe zu leben, flüchten die beiden. Jedoch werden sie gefasst, und man schickt Virginie zu einer Tante nach Paris. Sie lernt lesen und schreiben, verzehrt sich vor Liebe und kehrt schließlich per Schiff nach Mauritius zurück. Der Segler jedoch sinkt, und Paul scheitert bei dem Versuch, die Geliebte zu retten. Vor lauter Gram stirbt schließlich auch er.

Vermutlich kam die Bildtapete bereits im 19. Jahrhundert von Paris aus in die Eifel. In Grau- und Brauntönen wird ein detailverliebtes Panorama entworfen. Während im vorrevolutionären Frankreich Dünkel und Standesunterschiede gepflegt werden, steht Mauritius für die soziale Utopie. Auf der Trauminsel herrschen paradiesische Zustände, alle Menschen sind gleich. Dementsprechend hoch ist die Fallhöhe von Paul und Virginie. Wie Adam und Eva werden sie aus ihrem Garten Eden vertrieben, wie Romeo und Julia sterben sie einen tragischen Tod. Studiert man lediglich die Tapete der Petrys, darf man jedoch an ein Happy End glauben: Der Untergang des Schiffes wurde nämlich ausgespart – die Tür war im Weg.

Adresse Schlossstraße 6, 54675 Niedersgegen | **Anfahrt** Die Schlossstraße ist identisch mit der Hauptstraße/L 1, zwischen Biesdorf und Körperich gelegen. | **Öffnungszeiten** nach Absprache unter 06566/93023 | **Tipp** Wer Flauberts Madame Bovary noch einmal liest, wird auch dort auf »Paul und Virginie« stoßen. Direkt an den Hof grenzt die Kirche St. Dionysius mit ihrem mittelalterlichen Wohnturm aus dem 14./15. Jahrhundert.

NIEDERZISSEN

80 — Der Hufeisenkrater
Ein Vulkan, der nie ausbrach

Vor rund 150.000 Jahren brodelte nahe dem heutigen Niederzissen die Erde. Aber die vulkanischen Aktivitäten führten zu keinem Ausbruch. Informationstafeln rund um den Krater erläutern, was damals geschah: Anstatt mit voller Kraft in die Luft zu gehen, baute die Bausenberglava allmählich einen Schlackenkegel auf. Die Außenwand erkaltete ein wenig und wurde hart, während es im Innern weiterhin feurig brodelte. Lange konnte das nicht gut gehen, der Vulkan war wohl nur wenige Wochen aktiv. Irgendwann hatte er die schwächste Stelle der Schlackenwand ausgemacht und brach dort durch. Über vier Kilometer floss der heiße Strom gen Nordosten, bis nach Gönnersdorf am Ufer des Vinxtbaches.

Wer auf dem Kraterrand der Gegenwart spaziert, ahnt die meiste Zeit gar nicht, auf welch außergewöhnlichem Naturdenkmal er wandelt. Zu bewaldet sind die Hänge, als dass man Form und Ausmaß des Bausenbergs vollständig erfassen könnte. Den besten Gesamteindruck verschaffen die an vielen Stellen installierten Luftbilder. Dort erkennt man die eigenwillige Hufeisenform des erkalteten Vulkans, die sich in dieser Unversehrtheit nirgendwo sonst in der Eifel findet. Etwa 80 Meter hoch türmten sich einst die Schlackenwände. Wind und Wetter sowie Lössablagerungen am Boden senkten sie auf heute noch 35 Meter ab, während der Ringwall seinen Durchmesser von im Mittel 700 Metern behielt.

Das poröse Lavagestein des Bausenbergs ist ein ausgezeichneter Wärmespeicher und sorgt hier stellenweise für ein beinahe mediterranes Klima. Die damit einhergehende Artenvielfalt – über 500 verschiedene Pflanzen- und gut 5.000 Tierarten – bescherte dem Vulkan 1981 die Erhebung zum Naturschutzgebiet. Während die seltene Gottesanbeterin hier ein natürlicher Anwohner ist, wurden die weißen Cashgora-Ziegen zur Naturpflege angesiedelt. Sie entstanden als Kreuzung australischer Buschziegen mit Mohairböcken.

Adresse Kraterstraße, 56651 Niederzissen | **Anfahrt** Parkplatz nördlich des Ortes zwischen L 82 und A 61/Abfahrt Niederzissen | **Tipp** Vom Bausenberg aus blickt man gen Westen auf die noch höher gelegene Burg Olbrück, die besichtigt werden kann.

81 Der Ruderbüsch
Ein Vulkan verschwindet

An Steinbrüchen scheiden sich die Geister. Einerseits ist da das Monumentale eines nackten, gebrochenen Felsens. Steine zu brechen ist eine archaische Arbeit, nicht umsonst nennt man eine ganze Epoche der Menschheitsgeschichte die Steinzeit. Steine ebneten den Menschen den Weg in die Zivilisation – ganz wortwörtlich als Straßenbelag, aber auch beim Häuserbau oder bei der Herstellung von Werkzeug und Jagdwaffen. Auf der anderen Seite jedoch steht der Umweltaspekt: Vergeht man sich nicht an der Natur, wenn man einen viele hunderttausend Jahre alten Berg zu Kieseln zerschreddert?

In der Eifel wurden im Laufe der Industrialisierung Dutzende Vulkankegel abgetragen. Auch der Ruderbüsch bei Oberbettingen ist dabei zu verschwinden. Ein erster Basaltlava-Steinbruch wurde bereits für die Eisenzeit nachgewiesen. Die Tranchotkarte von 1811 kartiert den Berg noch als bewaldet. Mitte des 19. Jahrhunderts hingegen schreibt ein Chronist über den Ruderbüsch: »Sehr auffallend sind die großen Steinbruchschluchten in der Gipfelregion dieses Vulkanberges, wo aus teils grober, teils sehr dichter Schlacke Mühlsteine von 130 bis 160 Zentimetern Durchmesser gewonnen wurden.« Der industrielle Basaltabbau begann schließlich in den 1970ern mit einer kleinen Grube. Anfang der 1990er Jahre wurde die Nordflanke angegangen, der Abbau in den 2000ern weiter verstärkt. Luftbilder von 2011 zeugen von der weitgehenden Planierung des Ruderbüschs.

Schon zwei Jahre zuvor hatte sich in Oberbettingen eine Bürgerinitiative zur Rettung dieses und benachbarter Vulkanberge gegründet. Auch die IG Eifelvulkane kümmert sich um ihren Erhalt. Wer heute den Ruderbüsch besucht, findet statt eines Gipfels ein verwüstetes Plateau vor. Baggerschaufeln und Förderbänder bestimmen das Bild, in einem Trichter hat sich ein See gebildet. Immerhin muss man ein wenig klettern, um hier hinzugelangen – noch.

Adresse 54578 Oberbettingen | **Anfahrt** Der Berg liegt nördlich der Ortschaft, links der Straße nach Lissendorf (Schild einer Steinbruchfirma). | **Tipp** Die IG Eifelvulkane sowie der NABU informieren auf ihren Websites über den Stand des Vulkanabbaus (www.eifelvulkane.wordpress.com, www.nabu-kylleifel.de).

82 RuheForst & FinalForest
Die Begräbniswälder von Hümmel

Der Andachtsplatz im FinalForest wird von Pfählen eingefasst, die eine zentrale, mächtige Eiche umrunden. Ein schlichtes Holzkreuz ergänzt den stillen Ort im Begräbniswald bei Hümmel-Pitscheid. Beerdigungsprozessionen und die Gräber verlangen vom Besucher eine gewisse Pietät – man wandelt hier ganz von selbst ruhiger. Das Grab des Angehörigen mit Kerzen zu schmücken, ist aus naheliegenden Gründen nicht gestattet. Und den Picknickkorb lässt man genauso selbstverständlich im Auto. Aber auch ohne Wein und Gesang lohnt sich diese Wanderung. Nicht zuletzt, weil man sich hier in einer für Deutschland außergewöhnlichen Natur bewegt: einem Urwald.

Wegen seiner abseitigen Lage blieb dieses Waldstück über Jahrtausende verschont von jeglicher Forstwirtschaft. Das jedenfalls erzählt der Förster und Waldexperte Peter Wohlleben, der im 2014 eröffneten FinalForest Führungen organisiert. Mit »Das geheime Leben der Bäume« schrieb Wohlleben 2015 einen Bestseller, der zugleich einen Popularitätsschub für Waldbeerdigungen in Gang setzte. Davon profitierte auch der bereits seit 2003 bestehende, ein paar Kilometer entfernt gelegene RuheForst, damals der erste Begräbniswald von Rheinland-Pfalz.

Wer im Wald beerdigt werden möchte, hat die Wahl: Einzel- oder Familiengrab, direkt am Wegesrand oder versteckt zwischen den Bäumen. RuheForst und FinalForest unterscheiden sich in ihren Konzepten nur geringfügig. Einig sind sich die Betreiber darüber, dass das Areal peu à peu zurückverwandelt wird in den Eichen- und Buchen-Urwald von anno dazumal. Begräbniswälder modifizieren auf diese Art nicht nur das Totengedenken, sie erfüllen auch ökologische Aufgaben. Weder kommen schwere Maschinen noch Chemie zum Einsatz, und die Urnen sind biologisch abbaubar: Sie bestehen aus Holz, zusammengehalten von natürlichem Leim. Was aus Erde entstand, soll auch wieder zu Erde werden.

Adresse FinalForest: 53520 Hümmel, www.finalforest.de; RuheForst: 53520 Hümmel, www.ruheforst-huemmel.de | **Anfahrt** FinalForest: Straße von Pitscheid nach Schuld; RuheForst: Straße von Hümmel nach Tondorf/Falkenberg, jeweils ausgeschildert | **Tipp** Der Toten gedenken kann man auch in der hübschen, 1727 errichteten Kirche St. Barbara in Pitscheid.

83 Das Kaisergrab
Lothar und die Prümer Teilung

In der Prümer Basilika liegt ein Mann begraben, der auf das Engste mit der europäischen Geschichte verbunden ist. Im Grunde könnte man sagen, dass er mitverantwortlich zeichnet für die Entstehung von Frankreich und Deutschland. Die Sache gestaltet sich allerdings ein wenig kompliziert.

Unter Karl dem Großen war das Frankenreich in jeder Hinsicht über sich hinausgewachsen. Nach seinem Tod 814 hatte sein zu jenem Zeitpunkt einziger noch lebender Sohn das Zepter übernommen. Aber die Regentschaft Ludwigs des Frommen stand unter keinem guten Stern. Vor allem seine eigenen Söhne waren es, die die Ruhe im Frankenland nachhaltig störten. Reichsteilungen und -unterteilungen sollten in der Karolingerzeit zur Regel werden. Die bedeutendste von ihnen wurde am 10. August 843 im Vertrag von Verdun fixiert, der das Fränkische Reich zugunsten von Ludwigs Stammhaltern Lothar I. (der offizielle Kaiser), Ludwig II. (der Deutsche) und Karl II. (der Kahle) drittelte. Kurz vor seinem Tod spaltete Lothar das ihm zugesprochene Mittelreich mit der Prümer Teilung wiederum unter seinen drei Söhnen auf. Peu à peu jedoch wurden in der Folge Grenzen modelliert, die weitgehend denen der beiden heutigen Nachbarländer im Westen Europas entsprechen.

Der Enkel des großen Karl, geboren 795, gelangte bereits mit 19 Jahren auf den bayrischen Thron. Ein paar Jahre später stieg er zum Kaiser auf, Nachwelt und Historiker stellen ihm allerdings kein allzu gutes Zeugnis aus. Araber und Normannen setzten dem Reich zu, persönlich hatte er unter schweren Krankheiten zu leiden. Lothar war noch keine 60, als er sich 855 ins Kloster Prüm zurückzog. Viel Zeit jedoch war ihm nicht vergönnt, er starb bereits sechs Tage später. Sein pompöses Grabdenkmal, aufgestellt 1875, wurde von Preußenkönig Wilhelm I. finanziert. Es besteht aus schwarzem Schupbacher und weißem Carrara-Marmor.

IM JAHRE 1… ERNEUERT UNTER … REGIERUNG
KÖNIG … ILHELMS VON P… USSEN

Adresse Hahnplatz, 54595 Prüm, www.pruem.de | **Anfahrt** Der Hahnplatz bildet das Ortszentrum. | **Öffnungszeiten** Die Kirche steht tagsüber offen. | **Tipp** Mit Karl dem Großen, Lothar I. und der Eifel beschäftigt sich auch das Museum Prüm in der Tiergartenstraße (www.ferienregion-pruem.de).

84 Die Air Station
No-Go auf dem Schwarzen Mann

Die Schneifelhöhenstraße führt über einen lang gestreckten Bergrücken. Seine bekannteste Erhebung ist mit fast 700 Metern der Schwarze Mann, heutzutage ein beliebtes Wintersportrevier. Wer dort umherspaziert, stößt früher oder später an einen halbherzigen Zaun, dahinter verfallene Gebäude mit Kratzputzwänden. Und weit über die Baumwipfel hinaus ragt ein seltsamer Stahlgittermast. Ein wenig erinnert er an eine Überland-Stromleitung, an die ein paar Satellitenschüsseln getackert wurden.

Die Air Station samt Radarturm entstand in den 1950er Jahren mit dem Kalten Krieg. Ihr Zweck war es, die Kommunikation zwischen den NATO- und US-Streitkräften technisch zu organisieren, es ging um Funkverkehr und Radarüberwachung. Zeitweise waren an die 1.000 US-Soldaten auf dem Schwarzen Mann beschäftigt. Sie wohnten mit ihren Familien in den umliegenden Ortschaften, mit den »Prüm Housings« als Zentrum.

Als der Eiserne Vorhang Anfang der 1990er Jahre fiel, verlor die Air Station ihre Bedeutung. Dennoch unterhielt das US-Militär dort noch bis 2004 eine kleine Fernmeldeeinheit. Sie unterstützte die Luftwaffe der Spangdahlemer Airbase durch die Übermittlung von Wetterdaten. Als diese Aufgabe schließlich von deutschen Satelliten übernommen wurde, war auch damit Schluss. Das weite Areal am Schwarzen Mann wurde jedoch erst 2011 komplett an Deutschland zurückgegeben. Einige Gebäude wurden inzwischen abgerissen, darunter das ehemalige Kino. Und peu à peu eroberte sich die Natur ihr Terrain zurück. Die aufgegebenen Anlagen verwilderten, Zäune verrotteten, Dächer stürzten ein. Immer wieder tauchen Pläne auf, die eine Umwidmung des gesamten Geländes vorsehen. Und tatsächlich ist es ja eine Schande, diesen Teil des Naturschutzgebietes Schwarzer Mann als No-go-Area zu führen. Aber ob dort irgendwann einmal Windkraftanlagen rotieren, Skilifte arbeiten oder Camper zelten, steht in den Sternen.

Adresse Schneifelhöhenstraße (L 20), 54595 Prüm | **Anfahrt** über die L 20, rund einen Kilometer nordöstlich vom Wanderparkplatz Schwarzer Mann | **Tipp** Den Besuch sollte man mit einer Wanderung verbinden. Die Infotafeln auf dem großen Schneifel-Parkplatz südlich des Radarturms offerieren zahlreiche Möglichkeiten.

85_ Die Schwarze Madonna
Zum Gedenken an die »Goldene Meile«

Diese Kapelle an der Goethestraße hoch über dem Rhein bietet einen seltsamen Anblick. Nach allen Seiten offen, ähnelt sie einem Zeltdach – einer jener improvisierten Schutzmaßnahmen, die die deutschen Kriegsgefangenen des Frühjahrs 1945 errichteten. Auf der »Goldenen Meile« campierten zwischen April und Juli des letzten Kriegsjahres über 300.000 Soldaten der Wehrmacht. Bei Regen und Kälte lagerten die allermeisten von ihnen unter freiem Himmel, die medizinische Versorgung war so mangelhaft wie die mit Nahrungsmitteln. Über 1.200 Gefangene starben durch Krankheit und Auszehrung. Wer sich die vor Ort angebrachten historischen Aufnahmen ansieht, fühlt sich an heutige Massenlager für Flüchtlinge erinnert.

Die deutschlandweit einzige dem Gedenken an ein Kriegsgefangenenlager gewidmete Kapelle verdankt ihren Namen einem berührenden Kunstwerk. Die Schwarze Madonna wurde aus ebenjener Erde geschaffen, auf der die Soldaten schliefen. Jahrzehntelang hatte sie im Pfarrhaus von Remagen-Kripp ein Schattendasein geführt, bevor man ihr 1987 eine Kapelle errichtete. Die Spenden dafür kamen vor allem von ehemaligen Internierten der »Goldenen Meile«. Der Schöpfer der Madonna, Adolf Wamper, war als arrivierter Nazi-Bildhauer erst im März 1945 eingezogen worden und schnell in amerikanische Gefangenschaft geraten. Bis zur Auflösung des Lagers war er auf der »Goldenen Meile« interniert. Dass Wampers Nazi-Vergangenheit auf seiner Denkmalplakette an der Kapelle mit keinem Wort erwähnt wird, ist ein Makel. Der Eindrücklichkeit seiner Schöpfung tut dies jedoch keinen Abbruch. Die Schwarze Madonna mit dem Jesukind auf dem Arm blickt leicht geneigten Kopfes in eine unsichere Zukunft. Irgendwo in der Ferne jedoch, so mag man bei der Betrachtung mutmaßen, schimmert Hoffnung auf – nicht nur für die einstigen Gefangenen von Remagen, sondern in Form einer universellen Friedensbotschaft.

Adresse Goethestraße/Ecke Joseph-Rovan-Allee, 53424 Remagen | **Anfahrt** von der B 9 auf die L 82/Joseph-Rovan-Allee bis zu deren Ende | **Tipp** Die Kapelle gehört zu einem Denkmalverbund der »Goldenen Meile«, der zudem den Ehrenfriedhof Bad Bodendorf, das Friedensmuseum Brücke von Remagen und das Mahnmal zur Erinnerung an die Gefangenenlager in der »Goldenen Meile« in Sinzig umfasst.

… RHEINBACH

86 Die JVA
Über hundert Jahre Knast

Um das Jahr 2007 hat der Autor dieses Buches einmal einen Tag in der Rheinbacher Justizvollzugsanstalt verbracht: mit dem Tischtennisverein, der gegen die Knastauswahl antrat. Man gab an der Pforte seine Personalien an und die Handys ab, und schon war man drin. Eingefahren, sozusagen. Bewacht werden mussten wir nicht. Die Atmosphäre war locker, und es war die einzige uns bekannte Turnhalle, in der geraucht werden durfte. Aber nicht nur das war anders. Denn ein Gefängnis ist kein »normaler« Ort, das spürt man bereits, bevor man es betritt. Man glaubt, raunen zu müssen, statt laut und deutlich zu sprechen. Und man ist auf eine fiebrige Art aufmerksam, als lauere da eine unsichtbare Gefahr.

Die Haftanstalt in Rheinbach wurde 1914 zunächst als Zuchthaus eingeweiht, das heißt, hier galten verschärfte Bedingungen für Schwerstkriminelle. Nachdem diese Gefängnisform 1969 abgeschafft worden war, vollzog sich der Wandel zur JVA. Deutschlandweite Schlagzeilen machte eine viertägige Meuterei im Oktober 1990. Gefangene besetzten das Gefängnisdach und forderten ihre Amnestie mit dem Argument, diese sei auch Insassen ehemaliger DDR-Knäste gewährt worden. Eine Rheinbacher Besonderheit bildet die 2015 eröffnete Abteilung für betagtere Gefangene. Insassen über 60 Jahre leben dort in einem auf ihre altersgerechten Bedürfnisse zugeschnittenen Vollzug.

Die beinahe quadratische Anlage liegt am Stadtrand, einzelne Privathäuser grenzen beinahe direkt an die hohe Mauer. Aber aufgepasst: Wer hier fotografiert, wird beobachtet und zum Löschen der Bilder aufgefordert. Möglich hingegen ist ein Spaziergang um dieses Karree, das einst ein paar prominente, gleichwohl üble Gestalten beherbergte: Hans-Jürgen Rösner, der Geiselnehmer von Gladbeck, belegte hier genauso eine Zelle wie Kanzlerspion Günter Guillaume. Und der Serienmörder und Kannibale Joachim Kroll blieb hier gar bis zu seinem Tod 1991.

Adresse Aachener Straße 47, 53359 Rheinbach, www.jva-rheinbach.nrw.de | **Anfahrt** Die Aachener Straße führt vom Zentrum aus nordwestlich gen B 266/Oberdrees. | **Tipp** Auch Rheinbachs Wahrzeichen, der »Hexenturm« an der Bachstraße, diente einst als Kerker.

87 _ Der Düwelssteen
... beziehungsweise: Der Eichendorff-Felsen

Eigentlich hätte dieser wenig spektakuläre Felsen im Wald auch namenlos bleiben können. Stattdessen jedoch wurde er gleich zweifach ausgezeichnet. Als man ab 1860 die Zugstrecke Köln–Trier legte, erwies sich der hier gebrochene Stein als zu hart. Deshalb schimpften die Arbeiter ihn »Düwelssteen«, also Teufelsstein. Der rötliche Buntsandstein entstand vor rund 240 Millionen Jahren durch Flussablagerungen während einer wüstenheißen Zeit. In den 1920er Jahren kam dann der damalige Jagdpächter dieses Reviers auf eine eigenwillige Idee. Weil der Düwelssteen durch die Bearbeitung eine vollkommen senkrechte, sehr glatte Flanke aufwies, nutzte er sie als Schreibtafel. Naheliegend, dass er sich für einen Text der deutschen Romantik entschied: »Abschied« von Joseph von Eichendorff (1788–1857).

Der schlesische Freiherr gilt als Vater der deutschen Waldromantik, seine Poeme auf die Waldeinsamkeit sind Legende. Auch der 1810 verfasste »Abschied« beginnt hymnisch: »O Täler weit, o Höhen, / O schöner, grüner Wald, / Du meiner Lust und Wehen / Andächt'ger Aufenthalt!« Im Wald bei Ripsdorf jedoch wurde die dritte Strophe in den Stein gemeißelt, die einen Umschwung markiert. Das lyrische Ich beginnt zu realisieren, dass es nicht zwischen Bäumen verharren kann, sondern hinaus in »die geschäft'ge Welt« muss: »Da steht im Wald geschrieben / Ein stilles, ernstes Wort / Vom rechten Tun und Lieben, / Und was des Menschen Hort. / Ich habe treu gelesen / die Worte schlicht und wahr, / und durch mein ganzes Wesen / ward's unaussprechlich klar.«

In der vierten und letzten Strophe dann wird er den Wald verlassen, der Wanderer. Genauso wie der Lesende am Eichendorff-Felsen früher oder später zurückkehren muss in den Trubel der Zivilisation. Den Wald jedoch, so die Schlussverse, werden sie im Herzen mit sich tragen, er wird stets den »Einsamen erheben«.

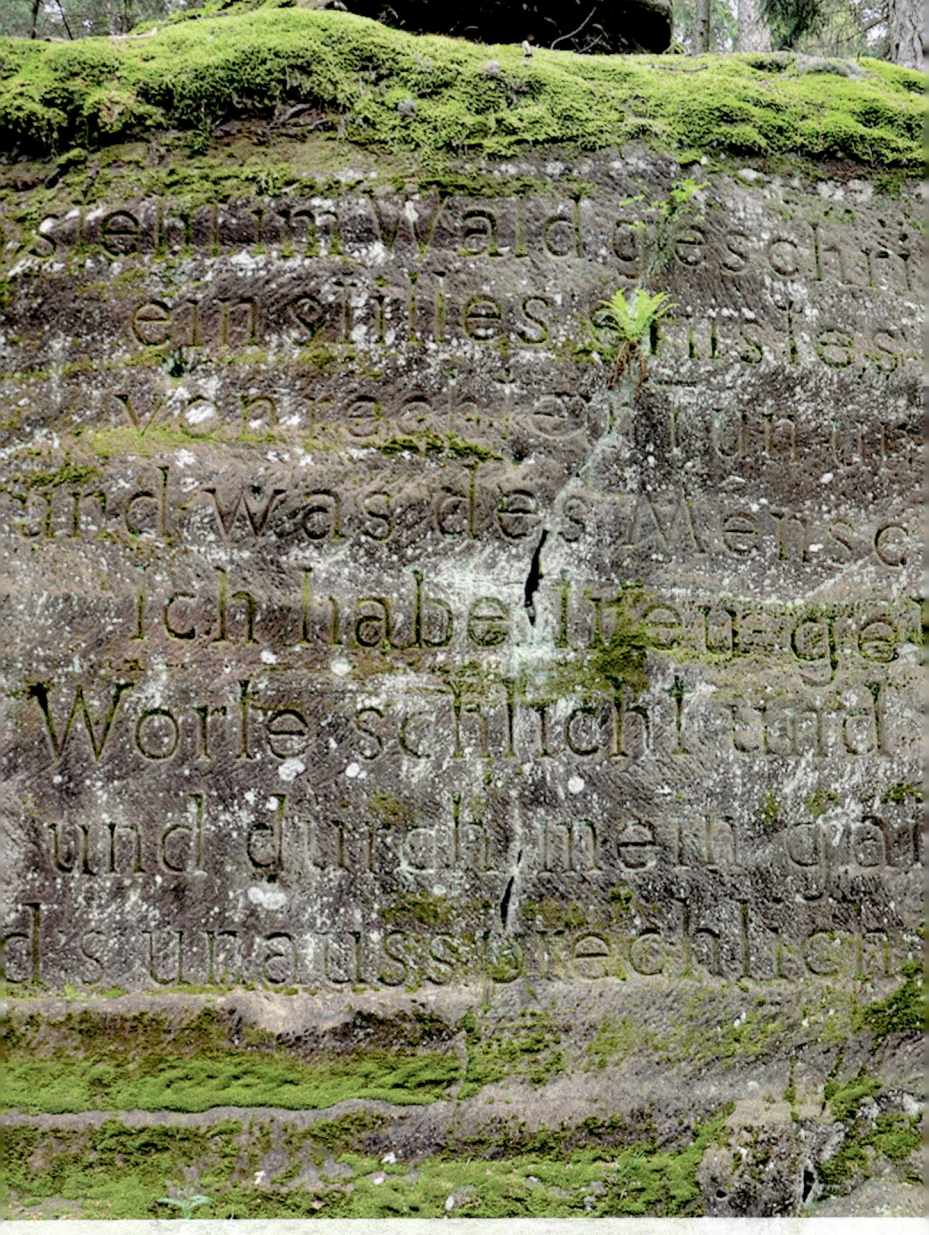

Adresse 53945 Ripsdorf | **Anfahrt** Der Weg beginnt am Waldcafé Maus an der Straße von Ripsdorf nach Nonnenbach, dort steht auch eine Wandertafel. | **Tipp** 100 Meter rechts vom Düwelssteen liegt die Düwelskall, eine kleine Höhle. Gelegenheit für eine Erfrischung bietet das idyllisch gelegene Waldcafé Maus.

88_ Der Rockeskyller Kopf
Trockenschwimmen im Vulkankrater

Wie die Wingertsbergwand und der Ruderbüsch (siehe Orte 70 und 81) ist auch der Rockeskyller Kopf in seiner heutigen Form das Resultat jahrzehntelanger Steinbrucharbeiten – und jahrmillionenalter vulkanischer Aktivität. Aber seine Geburt stand unter wiederum anderen Vorzeichen. Geologen sprechen vom »komplettesten Vulkan der Eifel«, von einem einst feuerspeienden Berg, der all seine Geheimnisse offenlegt.

Für den unbedarften Wanderer ist nicht genau auszumachen, wo er an einer ehemaligen Kraterwand entlangstreift und wo bei der Ausformung Maschinen im Spiel waren. Unabhängig davon jedoch fühlt man sich vor diesen steilen Schlackehängen zurückversetzt in eine Zeit vor der Zeit. Hoppelten hier plötzlich fröhliche Urpferdchen oder blutrünstige Saurier herum – man würde sich nicht wundern. Auch was von der Zivilisation geblieben ist, scheint in einen ewigen Schlaf versunken. Aus einem ehemaligen Betriebsgebäude wachsen die Ranken, und ein stillgelegter Bagger nimmt allmählich den rostigen Farbton der ihn umgebenden Felsen an.

Auch der Rockeskyller Kopf zeigte einmal jenes Antlitz, das die Eifelvulkane vor allem anderen auszeichnet: Er war vor rund 360.000 Jahren für eine Weile mit Wasser gefüllt – ein Maar. Aber die vulkanische Entwicklung schritt voran, es folgten weitere gigantische Dampfexplosionen. Experten schätzen, dass die Ausbruchphasen zum Teil Jahrtausende auseinanderlagen. Im Gegensatz zu Vulkanen mit einem Hauptmagmaschacht handelt es sich beim Rockeskyller Kopf zudem um einen Vulkankomplex mit rund 250 Eruptionszonen. Zwischenzeitlich wuchsen Wälder auf den Ablagerungen, deren Bäume Durchmesser bis zu 30 Zentimetern erreichten. Aber dann legten sich wieder die Schlacken des verglühten Gesteins darüber, wie von Riesenhand geschichtet. Wirklich komplett wirkt diese zerklüftete Landschaft auf den Laien nicht. Aber komplett überwältigend.

Adresse 54570 Rockeskyll | **Anfahrt** Auf der Dorfstraße/L 27 verlässt man den Ort gen Norden, nach wenigen hundert Metern biegt man links in den unasphaltierten Wirtschaftsweg bis zur Schranke ein. Das Vulkanfeld kann auch zu Fuß vom Dorf aus erwandert werden. | **Tipp** Wander- und Gesteinsfreunde werden sich an den nahe gelegenen Gerolsteiner Dolomiten erfreuen.

89 Das Felsennest
Der Führerbunker auf dem Eselsberg

Hinweisschilder existieren hier nicht. Auch viele Einheimische sind überfragt, wenn man den Weg zum Felsennest sucht. Aber es gibt ihn: den kleinen Trampelpfad hoch auf den Eselsberg. Dort oben bleibt es unwirtlich. Zunächst einmal hat da jemand sein mitten im Wald gelegenes Privatgrundstück eingezäunt, als schürfe er dort Gold. Wer die erste »Warnung vor dem bissigen Hund« passiert, entdeckt dann auch schon die offenbar von Bomben zerpflügten Betonblöcke. Wie verbogene Krallen ragen die Moniereisen aus den Trümmern und vereinen sich schlangenhaft mit den Ranken des Waldes. Halb unterirdisch liegen die früher stahlgesicherten Eingänge heute offen, höhlenähnlich. Man braucht schon ein wenig Mut, um dort einzutreten.

Es ist nicht nur ein Bunker, der hier einst stand – die gesamte Bergkuppe ist übersät von Resten. Ursprünglich waren auch weitere Höhen der Umgegend sowie das Dorf Rodert militärisch eingebunden. Das schiere Ausmaß der Anlagen deutet an: Das war hier nicht irgendeine Militärstellung. Nein, beim Felsennest – so der alte Name des Eselsbergs – handelt es sich um ein ehemaliges Führerhauptquartier (FHQ). Und die größte Ruine diente als Führerbunker. Zum FHQ mutierte die einstige Flak-Stellung ab dem Februar 1940 und als Teil des Westwalls. Die Bauleitung übernahm die Organisation Todt, die ab 1943 auch für die Abschussrampen der V1- und V2-Raketen verantwortlich zeichnete (siehe Ort 54). Zur Überwachung wurde eine Einheit der »Leibstandarte SS Adolf Hitler« abkommandiert. Während seines Aufenthaltes im Mai/Juni 1940 empfing Hitler hier unter anderem den italienischen Botschafter Alfieri sowie die Nazi-Größen Himmler, Göring und Goebbels.

Tempi passati: Die meisten Anlagen in und um Rodert wurden 1945 von der Wehrmacht gesprengt, in die verbliebenen Bunker zogen Flüchtlinge ein. Und die einstige Kinobaracke erwarb eine Euskirchener Gemüsehändlerin.

Adresse Waldstraße, 53902 Rodert | **Anfahrt** vom Ende der Waldstraße (Wendehammer) links auf den Feldweg, nach 60 Metern rechts Richtung Wald, Trampelpfad auf den Eselsberg nach etwa 150 Metern linker Hand | **Tipp** Eine Wanderung über den Eselsberg führt nach Bad Münstereifel mit seinen zahlreichen Sehenswürdigkeiten (siehe zum Beispiel Ort 9).

90 Der russische Friedhof
2.322 Tote auf Höhe 503

Eine russische Kriegsgräberstätte in der nordwestlichen Eifel? Das klingt im ersten Moment verwunderlich. Denn schließlich waren es amerikanische Verbände, die die Schlachten im Hohen Venn schlugen. Dort hatten die letzten großen Gefechte des Zweiten Weltkriegs stattgefunden. Und wegen der Unübersichtlichkeit des Terrains hatten sie sich länger hingezogen, als die Alliierten gehofft hatten. Dementsprechend hoch war die Zahl der Opfer ausgefallen. Auch viele Russen waren darunter, wenn sie auch nicht direkt in die Kämpfe verwickelt gewesen sind. Bei den Toten im einstigen Kriegsgebiet zwischen Rurberg und Kesternich handelt es sich stattdessen um Zwangsarbeiter und Kriegsgefangene, die in den Lagern der Region oder bei Bombenangriffen ums Leben gekommen waren. Amerikanische und britische Gefallene wurden entweder in die Heimat geflogen oder auf den Soldatenfriedhöfen im nahen Belgien beerdigt. Die sowjetischen Toten blieben.

Höhe 503, wie dieser einst umkämpfte Hügel bezeichnet wurde, liegt heutzutage in idyllischer Ruhe nahe dem Rurstausee. Der hölzerne Eingangsbereich gewann 1993 zu Recht einen Preis des Bundes deutscher Architekten (BdA). Auch dahinter geht es würdevoll weiter, mit einem drei Meter hohen russisch-orthodoxen Kreuz und symmetrischen Reihen von Granitstelen und Grabsteinen. Zwischen den gestutzten Rabatten wachsen Birken, Fichte und Kiefer bleiben außen vor. Insgesamt 2.322 sowjetische Bürger liegen hier – Männer, Frauen und Kinder. Ursprünglich waren sie auf 38 Orte verteilt gewesen, von Monschau über Aachen bis Düren. Die meisten Namen blieben unbekannt, allein rund 1.500 Tote wurden aus dem einstigen Nazi-»Stammlager« (Stalag) Arnoldsweiler umgebettet, das für die schlechte Behandlung der Inhaftierten und hohe Sterblichkeit berüchtigt war. Nach dem deutschen Kriegsgräbergesetz steht ihnen hier ein dauerndes, also ewiges Ruherecht zu.

Adresse 52152 Rurberg | **Anfahrt** Friedhof rechter Hand der L 166 gen Kesternich | **Tipp** An die Kämpfe im Hohen Venn/Hürtgenwald erinnert das Museum Hürtgenwald in Vossenack (www.museum-huertgenwald.de).

91 Die Nonnenempore
Kein Wort, kein Blick

Deutschlands erstes und deshalb ältestes Zisterzienserinnenkloster steht in St. Thomas. Mit seiner Fertigstellung um 1185 widmete man es Thomas Becket, dem 1170 ermordeten und bald darauf heiliggesprochenen Erzbischof von Canterbury. Der Orden der Zisterzienser war seinerzeit offenbar en vogue – während die männlichen Anwärter gen Himmerod zogen, fanden die weiblichen in St. Thomas Aufnahme. Weil viele Adelstöchter darunter waren, prosperierte das Kloster. Und bald schon gab es deswegen Ärger, vor allem mit dem (Raub-)Ritter Rudolph von Malberg (siehe Ort 66). Seine Übergriffe auf das Kloster führten 1233 sogar dazu, dass der komplette Konvent Schutz beim Erzbischof in Trier suchte.

Aber die tapferen Ordensschwestern kehrten zurück, bis zur Aufhebung durch die Franzosen 1802 wurde St. Thomas nahtlos unterhalten. Glücklicherweise blieb das Kloster von Plünderungen und Verwahrlosung verschont. Stattdessen mutierte die Klosterkirche bruchlos zur Filialkirche der Kyllburger Pfarrei. Dank dieser Maßnahme blieb dann auch eine Besonderheit erhalten, die man fast ausschließlich bei den Zisterzienserinnen findet: die Nonnenempore.

Auf den ersten Blick könnte man meinen, hier habe sich jemand besonders viel Platz für seine Orgel gegönnt. Der eigenartige »Balkon« überdacht immerhin die Hälfte des gesamten, aus dem frühen 13. Jahrhundert stammenden Kirchenraums. Den Grund dafür liefern jedoch die rigiden Regeln des Ordens. Unter anderem verbot er den Nonnen jeden Kontakt mit der Außenwelt – auch den Blickkontakt. Auf die große Empore gelangten sie direkt vom Kloster aus. Der geduckte Raum darunter wiederum war der einzige Bereich, der von Laien betreten werden durfte. Und damit auch ja niemand hervorschritt und einen Blick nach oben warf, waren die Schäfchen des Herrn hier eingesperrt wie im Käfig – unterhalb der Nonnen-Balustrade war ein eiserner Gitterzaun gezogen.

Adresse Hauptstraße 23, 54655 St. Thomas | **Anfahrt** Kloster im Ortszentrum | **Tipp** Hinter dem ehemaligen Kloster beginnt ein Naturerlebnispfad durch das Heilenbachtal.

92 Das Grab am Totenmaar
Pitt Kreuzbergs letzte Ruhe

Eine Drei-Maare-Wanderung gehört zum Pflichtprogramm jedes Eifelliebhabers. Auf engstem Raum liegen südlich von Daun das Gemündener, Weinfelder und Schalkenmehrener Maar nebeneinander. Die spannendsten Geschichten verbinden sich mit dem mittleren Weinfelder Vulkansee, auch Totenmaar genannt. Entstanden vor knapp 11.000 Jahren, ranken sich diverse Legenden um diesen Ort, unter anderem die von der bösen Gräfin: Weil sie einen armen Wandersmann von den Hunden zerfleischen ließ, versank ihr Schloss in den Fluten. Ihr gutherziger Mann jedoch wird von Gott erhört, das gemeinsame Kind errettet. Der Graf soll daraufhin die hoch über dem Ufer thronende Weinfelder Kirche errichtet haben, und an dieser Stelle treffen sich Sage und Wirklichkeit. Denn verschwunden ist hier tatsächlich etwas – ein ganzes Dorf nämlich.

Im Jahr 1562 war das Leben in Weinfeld zu Ende. Sämtliche Bewohner verließen den einst ausgedehnten Ort, aus Armut und möglicherweise wegen der Pest. Ihre Häuser dienten fortan als Steinbruch, nur die kleine Kirche wurde verschont. Der Ausblick von dort oben ist spektakulär, und der umlaufende Friedhof lädt gar zum Besuch eines Prominentengrabes. Der 1888 in Ahrweiler geborene Pitt Kreuzberg sammelte erste Erfolge als Maler in Bayern. 1913 zog er samt Familie nach Schalkenmehren. Der »ungeheure Rhythmus des vulkanischen Gebietes« habe ihn angezogen, erklärte er in einem Interview. Zunächst der Jugendstil, dann der Expressionismus und sehr farbige, immer spannungsgeladene Landschaftsbilder prägen sein Werk. Zu seinem 70. Geburtstag 1957 fand eine große Ausstellung im Kurfürstlichen Palais zu Trier statt, und sein von privaten Schicksalsschlägen beeinflusstes »anarchisches« Spätwerk gilt manchen als Vorläufer der Jungen Wilden der 1980er Jahre. Nach seinem Tod 1966 bei Tochter Theodora in Bad Honnef wurde Pitt Kreuzberg auf eigenen Wunsch hin auf dem kleinen Weinfelder Friedhof begraben.

Adresse 54552 Schalkenmehren, www.schalkenmehren-eifel.de | **Anfahrt** Parkplatz an der L 64/Nordseite des Weinfelder Maares | **Öffnungszeiten** Die Kirche ist tagsüber geöffnet. | **Tipp** Unter www.eifel-und-kunst.de findet sich eine umfangreiche Galerie mit Werken von Pitt Kreuzberg.

93 Das Zitronenkrämerkreuz
Mord am Moselhöhenweg

Man kann zum Beispiel von der Mosel aus starten. Dann geht es in Serpentinen durch die Weinberge, immer weiter bergauf in den Wald hinein. Irgendwann erreicht man schließlich dieses stille Hochplateau. Mehrere Wanderwege treffen hier zusammen, eine ausladende, von bunten Blumen betupfte Wiese weitet den Blick, und dann steht da eben auch noch dieses uralte Steinkreuz mit seiner schaurigen Geschichte. Ihren Ursprung hat sie in der Tatsache, dass der heute hier verlaufende Moselhöhenweg einst eine wichtige Handelsstraße war.

Drei Jahre nach dem Ende des Dreißigjährigen Krieges wanderte der Italiener Ambros Carové vom Comer See nach Trier aus. Er oder sein gleichnamiger Sohn wurde 1676 als Zitronenkrämer ins Krämeramtsbuch der Stadt eingetragen. Was die Carovés nach Deutschland brachten, war ganz heiße Ware: Zitronen, eine exotische Frucht, die man damals noch nicht an jeder Ecke, sondern so gut wie nirgends bekam. Unter anderem diente sie zur Extrahierung ätherischer Öle, wie man sie etwa zur Herstellung von Parfums benötigte. Carovés Exportgut mag unter anderem nach Köln gegangen sein, wo sein Landsmann Johann Maria Farina zu Anfang des 18. Jahrhunderts das bald weltberühmte Eau de Cologne erfand. Ambros jedoch erlebte das nicht mehr. 1687 wurde er hier auf dem Moselhöhenweg ermordet, der Täter soll sein Diener gewesen sein.

Ob es bei dem tödlichen Händel um persönliche Querelen oder die wertvolle Fracht ging – niemand weiß es. Fest steht hingegen, dass dies nicht das Ende der Carovés in Trier war. Ambros' Kinder nämlich ließen das Zitronenkrämerkreuz am Tatort errichten. Und an der Johannisstraße in der Trierer Altstadt steht noch immer das um die Mitte des 17. Jahrhunderts errichtete Haus der Familie. Mit Zitrusfrüchten wird dort heute nicht mehr gehandelt, wohl aber mit Chemikalien: Der spätgotische Bau beherbergt eine Apotheke.

Adresse 54340 Schleich, 54340 Ensch | **Anfahrt** von Schleich oder Ensch aus zu Fuß etwa drei Kilometer (aufwärts) | **Tipp** Der Zitronenkrämerweg ist eine »Extratour« des Moselsteigs und kann als Rundweg bewandert werden (www.moselsteig.de).

SCHLOSSTHAL

94 Der Finger Gottes
Ein abgebrochener Riese

Schon von fern scheint er zu mahnen, der Finger Gottes. Vor allem im Innern der Burgruine erinnert dieses auf wundersame Weise erhalten gebliebene Mauerstück an einen erhobenen Zeigefinger. Sogar die Konturen des Daumens und der restlichen Faust scheinen angedeutet zu sein. Was der Volksmund dem lieben Gott zuschreibt, ist streng genommen nur ein Überbleibsel des ehemaligen Ostturmes. Nachdem die französischen Herrscher die letzten Besitzer enteignet hatten, war die Dollendorfer Burg 1810 zum Ausschlachten verkauft worden. Bauherren von hier und dort bedienten sich reichlich am Gestein. Aber sei es nun dem Zufall oder göttlichem Willen geschuldet: Ein monumentaler Finger von gut 20 Metern blieb erhalten.

Die Geschichte dieser Wehranlage hoch über der Ahr begann vor rund 1.000 Jahren. Schriftliche Erwähnung fand sie erstmals 1077, ihr damaliger Besitzer war ein Arnoldus de Dollindorp. Die ursprüngliche Befestigung bestand aus einer Ringmauer mit vorkragenden Türmen. Während der Zugang über eine Holzbrücke an der Südseite erfolgte, waren die übrigen Wände durch steile Abhänge geschützt. Aufzeichnungen aus dem 17. Jahrhundert belegen, dass die Anlage auch seinerzeit noch bewohnt war. Sie berichten unter anderem von Mägdekammern, Ställen, einer »Schreiberey« sowie einem mit Wandteppichen ausgeschlagenen Saal. Während sich die Burg in einem Zustand romantischer Zerstörung befindet, blieb die Burgsiedlung in ihrer ursprünglichen Größe erhalten. Schloßthal ist ein winziger Weiler, anhand dessen sich anschaulich studieren lässt, wie Herren und Untergebene in alter Zeit nebeneinanderher lebten. Die Außenmauern der Wohnhäuser, so informieren uns Tafeln vor Ort, stehen größtenteils auf der mittelalterlichen Ringmauer. Wer hier vor die Tür tritt, weiß stets, was die Glocke geschlagen hat: Der Finger Gottes erinnert allezeit an den Weg der Tugend.

Adresse 53945 Schloßthal | **Anfahrt** Die Burgruine bildet das Zentrum des kleinen Ortes. | **Tipp** Von der Burgruine führt ein zwei Kilometer langer Kreuzweg nach Dollendorf. Dabei passiert man die schmucke, 1701 erbaute Antoniuskapelle.

SCHMIDTHEIM

95 — Die Motte Zehnbachhaus
Niederburg an der Urft

Motten nennt man eine Art Vorläufer der mächtigen mittelalterlichen Steinburgen. Zur Befestigung eines Adelssitzes wurde ein kegelförmiger Erdhügel aufgeschüttet und mit einem hölzernen Wohnturm versehen. In den Aushubgraben leitete man Wasser, und dahinter begann die Vorburg. Hier lagen die Scheunen, Werkstätten und die Häuser der Untergebenen. Je nachdem folgte auch hier wieder ein Wassergraben, außerdem schlossen Palisaden die jeweiligen Rondells. Motten entstanden zunächst im Frankreich des 10. Jahrhunderts, und daher rührt auch ihr Name: Motte steht für die Erdklumpen und Grassoden, die zum Bau des Hügels verwendet wurden.

Auf ein sehr schönes Exemplar dieses Niederburgentyps stößt man im Wald zwischen Schmidtheim und Blankenheim-Wald. Wo der Zahnbach in die Urft fließt, stand früher die Motte Zehnbachhaus. Von ihr erhalten blieben der Wassergraben und ein Teil der ehemaligen Erhebung. Sie ragt noch immer 2,50 Meter über den umliegenden Waldboden hinaus und hat einen Durchmesser von 28 Metern. Umrundet vom drei Meter tiefen Graben stehen hier heute hohe Bäume, über eine kleine Brücke gelangt man mitten hinein in die einstige Wehranlage. Wer dort unten an der Urft residierte, ist nicht bekannt. Aber er könnte in den Bergbau seiner Zeit involviert gewesen sein. Bei Grabungen 2007 entdeckte man Eisenschlacke im Erdreich, hier muss also Erz verhüttet worden sein. Anhand von ebenfalls gefundenen Tongefäßen und Scherben datiert man die Motte Zehnbachhaus heute ins 12. Jahrhundert.

Bis vor einigen Jahren war kaum zu erahnen, dass dieser Wald ein historisches Kleinod birgt. Seitdem haben der private Eigentümer, der Eifelverein und die Gemeinde Dahlem, zu der Schmidtheim gehört, gute Arbeit geleistet. Eine Tafel informiert anschaulich über die Hintergründe, und am massivhölzernen Tisch lässt sich herrschaftlich picknicken.

Adresse 53949 Schmidtheim | **Anfahrt** zum Beispiel über die Straße Im Wiesental an die Urft, circa zwei Kilometer am Fluss entlang gen Bahnhof Blankenheim-Wald | **Tipp** Die Motte liegt am Eifeler Quellenpfad (www.nordeifel-tourismus.de).

SPANGDAHLEM

96 — Die Grablegungsgruppe
Figurale Kunst aus dem 17. Jahrhundert

Die Spangdahlemer Kapelle liegt auf einem kleinen Hügel, dem Nikolausberg. Die einstige Pfarrkirche im historischen Ortsteil Spang hat ihre Wurzeln in der Romanik des 12. Jahrhunderts. Man erreicht sie über einen steilen, im 18. Jahrhundert eingerichteten Fußfallweg. Die Heiligenhäuschen aus rötlichem Sandstein werden von mächtigen Linden gesäumt, die rund 250 Jahre auf dem Buckel haben. Es waren Eremiten, die sie einst pflanzten. Nacheinander lebten fünf solcher Einsiedler im quadratischen Turm der Kapelle, von 1731 bis zum Einmarsch des französischen Revolutionsheeres.

Seitdem wohnt dort oben niemand mehr, aber dafür wird das kleine Gotteshaus gern von Ausflüglern und Wanderern aufgesucht. Grund dafür ist eine außergewöhnliche Attraktion, die sogenannte Grablegungsgruppe. Die lebensgroßen, bunt bemalten Figuren stammen aus dem Jahr 1643 und wurden aus Sandstein gehauen. Ihre Schöpfer lebten im nahen Kloster Himmerod (siehe Ort 47). Nach dessen Auflösung 1802, wiederum durch die Franzosen, gelangte das Ensemble nach Spangdahlem.

Spannend zu betrachten sind die Gesten und Blickrichtungen der einzelnen Trauernden. Während Josef wie abwesend in den Raum schaut, versucht Johannes die weinende Muttergottes zu trösten. Maria Magdalena wirkt in ihrem feschen Kleidchen demgegenüber weitaus entspannter, und auch die betende Maria des Kleophas scheint über den schlimmsten Schmerz hinweg. Gemeinsam mit Josef spannt Nikodemus das Grabtuch Jesu, der auf diese Art in den Sarg hinabgelassen wird. Auffällig ist der offene Mund des Toten – schmerzensreich und kreatürlich. Noch besser würdigen lässt sich die Qualität der Grablegungsgruppe durch den Vergleich mit der gleich links im Seitenraum installierten Auferstehungsgruppe. Hier Dynamik und Expressivität, dort puppenhafter Barock mit rotwangigen Speckengelchen. Aber gut, dafür ist deren Botschaft die frohere.

Adresse Hauptstraße, 54529 Spangdahlem | **Anfahrt** Kapelle am Dorfausgang Richtung Pickließem | **Tipp** Der kleine Ort ist geprägt durch die nahe US-Airbase – Stars, Stripes und dicke Pick-ups. Ein Dorfrundgang lohnt sich.

97 — Die Mitfahrbank
Wo der Daumen nicht in den Wind muss

Speicher, vor dem Rathaus: ein Paar Büsche, ein paar Blümchen und eine Ruhebank wie jede andere. Könnte man meinen. Aber da hängt dieser kleine Galgen, an dem ein Schildchen im Wind wackelt. Und damit ist klar: Hier lässt man sich nicht einfach so nieder, das ist eine Mitfahrbank. Die Auswahl an Fahrtzielen ist nicht groß, aber ausreichend: Ein Schild bittet um die Mitnahme nach Bitburg, der Einkaufsstadt für die Region. Das andere leitet zum tief im Tal liegenden Speicherer Bahnhof, der an die Strecke Köln – Trier angebunden ist.

Die Mitfahrbank ist ein echtes Kind der Eifel. Erfunden wurde sie genau hier, in Speicher. Ursula Berrens vom Caritasverband Westeifel hatte nach Standorten für neue Rentnerbänkchen gesucht. Und dabei kam ihr en passant der Gedanke, hier auch direkt für Mitfahrgelegenheiten zu sorgen. In alten Zeiten stellte man sich an die Autobahnauffahrt oder Ausfallstraße und hielt den Daumen in den Wind. Die Pappschildchen mit dem angestrebten Urlaubsort hatte man sich selbst gebastelt. Und dann stand man da, oft stundenlang, bei Hitze, Wind und Regen. Auf der Mitfahrbank hingegen nimmt man gemütlich Platz, statt zu stehen. Und den Daumen braucht man allerhöchstens zum Umblättern der Illustrierten, mit der man sich die Wartezeit verkürzt. »Trampen für Senioren« heißt das Stichwort. Nur dass die Tour eben nicht nach Berlin, Paris oder an die Algarve führen soll, sondern zur Post, zum nächsten Supermarkt oder zum Arzt.

Das Speicherer Projekt ging im August 2014 an den Start. Von der Eifel aus eroberte es ganz Deutschland. Vor allem in ländlichen Gegenden mit schwach ausgeprägtem ÖPNV wurde es vielfach kopiert. Überall erkannte man, dass Mitfahrbänke mehrere Fliegen mit einer Klappe schlagen: Ältere Mitbürger werden mobiler, der Transport ist kostenlos. Und weil nicht jeder für sich allein fährt, dient das Projekt zugleich dem Klimaschutz.

Adresse Bahnhofstraße 36, 54662 Speicher (und an vielen anderen Orten) | **Anfahrt** Die Bank steht westlich des Ortszentrums direkt vor dem Rathaus. | **Tipp** Die Mitfahrbank-Fahrt nach Bitburg krönt eine Besichtigung der berühmten Brauerei. An der Kyllburger Bahnhofstraße steht eine weitere von inzwischen zahlreichen Mitfahrbänken.

98 _ Das Töpferzentrum
Bartmänner und Raubtiere

Am Markt von Speicher steht ein skulpturaler Brennofen. Ein paar Meter weiter sitzt die Figur eines fahrenden Händlers auf einer Bank. Auf dem Rücken trägt er seinen Korb voll tönernen Geschirrs. Zu erkennen sind obenauf die sogenannten Bartmannkrüge. Vor allem von Frechen, aber auch von Speicher aus gingen sie einst in die halbe Welt. Heute dokumentiert eine Abteilung des Speicherer Heimatmuseums die Geschichte dieses historischen Zentrums der Eifelkeramik.

Schon die Römer nutzten die meterdicke Tonschicht der Region, Überreste ihrer Öfen findet man weit verstreut. Mit dem 14. Jahrhundert begann dann die erste Hochphase der Steingutproduktion. Die Töpfer von Speicher, Binsfeld und Herforst schlossen sich 1485 zur »Eulner Bruderschaft« zusammen. Erst in den letzten Jahrzehnten kam die Produktion allmählich ins Schlingern und ist heute fast versiegt.

Der »fette« Speicherer Ton gilt als leichtbäckig, aber hitzeempfindlich, deshalb musste damit sehr gleichmäßig gearbeitet werden. Seit dem frühen 20. Jahrhundert mischte man daher Westerwälder Ton bei. So erhielt man einen robusteren und zugleich helleren »Scherben«, wie der Fachmann sich ausdrückt. Da Steinzeug eine Brenntemperatur von 1.200 Grad verlangt, benötigte man für die Öfen jede Menge Holz. Die reichen Buchenvorkommen in den Speicherer Wäldern waren dabei sehr willkommen. Erst bei dieser Hitze sintert das Material, wird also wasserdicht. Durch das Hinzufügen von Salz glasiert es zudem und widersteht dann auch Säuren. Zwar steht die Speicherer Keramik im Gegensatz zur Frechen-Kölner eher für schlichte Haushaltsgegenstände, aber hier wurde durchaus auch für andere Lebensbereiche produziert. Ein Kännchen im Speicherer Museum weist Schmauchspuren auf, die auf eine kultische Handlung hindeuten. Das herausmodellierte Gesicht eines Raubtiers scheint dazu, mit geschlossenen Augen, zu grinsen.

Adresse Jacobsstraße 57, 54662 Speicher, www.vg-speicher.de | **Anfahrt** über die ins Zentrum führende Bahnhof- auf die Jacobsstraße | **Öffnungszeiten** Di–Fr und So 14–17 Uhr | **Tipp** Töpfereimuseen findet man auch in Langerwehe bei Düren, in Frechen und Brühl (www.toepfereimuseum.de, www.keramion.de, www.bruehler-museumsinsel.de).

99 — Die Wüstung Staudenhof
An der Grenze der Zivilisation

Einsamer geht es kaum. Schier endlos schlängelt sich der Weg von der Landstraße abwärts durch den Wald und hinunter zur Prüm. Irgendwann schließlich kommen verfallene Häuser in den Blick, überraschend für den Wanderer, der in dieser Einöde keine zivilisatorischen Relikte vermutet. Aber hier haben tatsächlich einmal Menschen gewohnt. Am Fluss entlang gingen sie zur Arbeit, vier Kilometer gen Süden. Denn dort lag die 1761 eröffnete Eisenhütte Merkeshausen.

In den 1960er Jahren galt Staudenhof als das kleinste Dorf Deutschlands. Sieben Einwohner zählte die Siedlung damals, alle zur selben Familie gehörig. 30 Jahre später war auch die weg, Staudenhof mutierte zur Wüstung. Ein paar wenige Häuser können heute noch betreten werden, eine Reise in vergangene Zeiten. Möbel und Küchengeräte stehen verlassen herum, aus eingebrochenen Decken rieselt das Holzmehl. Winzige, düstere Zimmerchen zeugen vom kargen Leben hier unten im Prümtal und Reste von Rattengift von den Futterneidern.

Möglicherweise handelte es sich beim Staudenhof ursprünglich um ein einzelnes Gehöft. Die Wiesen am Fluss sind saftig, dort ließ sich wirtschaften. Die eigentliche Siedlung jedoch entstand und fiel mit der Eisenhütte. Auf ihrem Höhepunkt zu Anfang des 19. Jahrhunderts lebten einmal 128 Menschen im Dorf – beinahe unvorstellbar, wenn man sich den heutigen Zustand ansieht. Sogar eine Schule gab es, das Gebäude ist derzeit das einzig renovierte. 1857 jedoch war der Erzvorrat erschöpft. Das Werk wurde aufgegeben und ausgeschlachtet, die Arbeiter verloren ihre Jobs. Bittere Winter, Missernten und die damit verbundenen Hungersnöte taten ein Übriges. Bereits 1871 waren nur noch 14 Häuser bewohnt, von 34 männlichen und 36 weiblichen Dörflern. Während weit hinten im Westen das Deutsche Reich gegründet wurde, lebten sie hier unten im Nirgendwo, an der Grenze der Zivilisation.

Adresse 54649 Mauel | **Anfahrt** von Oberweiler etwa zwei Kilometer auf der L 12 gen Mauel, links Parkbucht (grünes Schild des Rettungsdienstes), auf gepflastertem Forstweg abwärts weitere drei Kilometer durch den Wald | **Tipp** Ein Rundwanderweg mit Start am Gemeindehaus Mauel verbindet die Orte Mauel, Lambertsberg und Plütscheid mit der Wüstung (www.islek.info).

STEINFELD

100 Das Labyrinth
... hinter dem Garten der Stille

Das Kloster Steinfeld ist einer der meistbesuchten Orte der Eifel. Wer dort hingelangt, sollte sich jedoch nicht mit der Basilika des heiligen Hermann-Josef begnügen, sondern sich auch den abwechslungsreichen Klostergarten ansehen.

Gleich hinter dem letzten Tor steigt man in den etwas düsteren Garten der Stille hinab. Um einen zentralen Brunnen herum gruppieren sich hohe Bäume und Rhododendronsträucher. Thematisch mit dem Garten der Stille verbunden ist das angrenzende Labyrinth. Der Irrpfad wurde im Jahr 2011 aus 2.000 einheimischen Rotbuchen angelegt. Etwa auf Schulterhöhe beschnitten, bilden sie eine blickdichte Hecke. Weil die Bäumchen sehr eng gesetzt wurden, bleibt der Pfad allezeit schmal, nicht selten touchiert man die Buchen. Das Labyrinth, so die sakrale Deutung, steht für die existenziellen Fragen nach Ort und Ziel. Es steht für die Abwege des Lebens, für den Menschen als »Irrenden« – ein mehr als bekannter Topos. Insgesamt misst dieser Irrgarten nur 25 Meter im Durchmesser. Die Möglichkeiten der Geometrie wurden jedoch so geschickt ausgenutzt, dass dem Suchenden der Weg zuweilen schier endlos erscheint. Wie im realen Leben wähnt man sich der Mitte mal näher, mal entfernt man sich wieder davon. In Steinfeld jedoch gibt es – im Gegensatz zu anderen Labyrinthen – keine Abwege, also nichts zu entscheiden: Gott lenkt alle Wege!? Deshalb gelangt, wer durchhält, unweigerlich irgendwann ins Zentrum des Gartens. Dort steht er vor einem großen, aus Stahlplatten geschweißten Kreuz. Die horizontale Linie die Erde, die vertikale der Himmel/Hölle-Antagonismus – und schließlich der Punkt, in dem sich beide treffen: kirchliche Symbolik in Vollendung. Und wenn man dann wieder raus ist aus diesem meditativen Komplex, bietet sich eventuell an, in der Klostergaststätte ein ganz unheiliges, aber echt Steinfelder Klosterbier zu trinken.

Adresse Hermann-Josef-Straße 4, 53925 Steinfeld, www.kloster-steinfeld.de | **Anfahrt** von Urft aus über die L 204, ausgeschildert | **Öffnungszeiten** täglich 9–12 und 14.30–17 Uhr | **Tipp** Das Kloster liegt am Eifelsteig, dank Gästehaus kann der Wanderer hier auch übernachten.

101 Das Nostalgikum
Eine Zeitreise in die Nachkriegsära

Zur Lindenstraße hin offerieren zwei Schaufenster einen ersten Einblick. Hinter dem linken: eine Schmiede, wie es sie längst nicht mehr gibt, samt Esse, Blasebalg und von Transmissionsriemen angetriebenen Maschinen. Das Nostalgikum von Uersfeld ist der deutschen Nachkriegszeit bis in die 1960er hinein gewidmet. Und genau in die taucht ein, wer den rechten der beiden Schauräume betritt. Die dortige Sammlung von NSU-Mopeds ist exklusiv, nicht zuletzt wegen zweier NSU Quicklys. Zwischen 1953 und 1968 wurden davon in **N**eckar**SU**lm rund 1,5 Millionen Stück gebaut.

Das 2011 eröffnete Nostalgie-Museum residiert in der ehemaligen »Jungenschule« des Ortes. 300 Quadratmeter, verteilt auf zwei Etagen, entführen in eine Zeit, da man noch von Fernsehapparaten statt von Flachbildschirmen sprach. Flimmernde statt ultrahochaufgelöste Bilder liefen über um ein Vielfaches kleinere Bildschirme – selbstverständlich in Schwarz-Weiß. Und wer zwischen den drei Programmen switchen wollte, musste sich vom Gelsenkirchener Barocksofa erheben. Denn das Wort Fernbedienung war noch nicht erfunden.

Der Gang durch diese Themenräume dürfte die jüngeren Besucher nicht selten befremden. Den Tante-Emma-Laden, in dem man einzelne Himbeer-Bonbons aus großen, bauchigen Gläsern bekam, kennen sie nicht mehr. Bakelit-Telefone mit schweren Hörern haben keine Ähnlichkeit mit heutigen Handys, und die alten Wählscheiben verlangten ein gänzlich anderes Fingerspitzengefühl als moderne Smartphone-Tastaturen. Ältere Semester hingegen wandeln verklärten Blicks durch diese Ausstellung. Die Erinnerung an die Kindheit, die berühmte »Reise in die Vergangenheit« ruft eigentümliche Stimmungen hervor. Knallbunte Emaille-Werbeschilder und die gut bestückte Jukebox der alten Dorfschänke huldigen den alten Zeiten. Ob es jedoch wirklich die »guten alten Zeiten« waren, mag jeder für sich selbst entscheiden.

Adresse Nostalgikum, Lindenstraße 1, 56767 Uersfeld | **Anfahrt** Museum direkt im Zentrum, nahe der Ecke Haupt- und Bahnhofstraße | **Öffnungszeiten** So 14–17.30 Uhr, April–Okt. auch Di und Do 14–17.30 Uhr | **Tipp** Eine vergleichbar nostalgische Sammlung bietet das Heimatmuseum in Münstermaifeld (www.muenstermaifeld.de/museen).

102 Das Ulmener Maar
Jüngster Kratersee der Eifel

Das Ulmener Maar ist nicht so perfekt wie das Pulvermaar. Anstatt kreisrund zu sein, verlaufen seine Ufer unregelmäßig. Bei 510 Metern Länge und 370 Metern Breite kommt es auf eine Wassertiefe von 37 Metern. Was den Ulmener Kratersee jedoch vor vielen anderen der rund 50 Eifelmaare auszeichnet, ist seine Entrücktheit. In diesem Wasser darf man nicht schwimmen, hier kann niemand Tretboote ausleihen, und selbst Gastronomie sucht man vergeblich. Denn das Ulmener Maar ist als Wasserschutzgebiet ausgewiesen. Tiefe Brunnen am Rande des Sees liefern jährlich bis zu einer Million Kubikmeter Trinkwasser für die Region.

Touristisch erschlossen ist das Maar immerhin für Angler und Wanderer. Auf einem knapp 1,5 Kilometer langen Rundweg hat man die Möglichkeit, durch die Jahrtausende zu spazieren. Historische Stollen und die beim Ausbruch abgelagerten Tuffsteinmassen erzählen ebenso Geschichte wie die Ruinen der Ulmener Burgen. Die älteste, erbaut um das Jahr 1000, beherbergte ab Ende des 12. Jahrhunderts den Ritter Heinrich von Ulmen (1175–1234). Der mehrfache Kreuzzugs-Teilnehmer tat sich als eifriger Reliquiensammler hervor.

Zusammen mit dem Doppelmaar von Boos (siehe Band 1, Ort 22) streitet sich das Ulmener Maar darum, welches das jüngste der ganzen Eifel sei. Schätzungen gestalten sich schwierig, aber man geht von einem Alter von etwa 10.000 Jahren aus. Zum Vergleich: Der nicht allzu weit entfernte Laacher See ist nicht nur viel größer, sondern auch etwa 3.000 Jahre älter. Um einiges genauer als den Geburtstag konnte man hingegen die Jahreszeit datieren, in der das Maar entstand. Bei der Explosion wurden Bäume in die Luft geschleudert und anschließend vom vulkanischen Auswurf eingeschlossen. Die Reife der konservierten Früchte entspricht jener zwischen Mitte bis Ende Juli im mittleren Schweden. Das dortige Klima wiederum herrschte seinerzeit in der Eifel.

Adresse 56766 Ulmen | **Anfahrt** Maar und Burg sind vom Ortszentrum aus ausgeschildert. | **Tipp** Kreuzritter Heinrich brachte als Raubgut unter anderem die Limburger Staurothek mit, eine prächtige byzantinische Reliquientafel, die einen Splitter vom Kreuz Christi enthalten soll. Sie kann im Limburger Dom besichtigt werden.

103 — Die Aquäduktbrücke
In 80 Metern über das Veybachtal

Vussem ist ein kleiner Ort in der Nordeifel, aber er verfügt über einen ordentlichen Fußballplatz. Genau dorthin wird geführt, wer den braunen Schildern zur römischen Aquäduktbrücke folgt. Die römische Wasserleitung ist in zahlreichen Relikten erhalten, die allesamt von einer architektonischen Topleistung erzählen. Die Fakten sind recht bekannt: Um die Römerstadt Colonia Claudia Ara Agrippinensium, kurz: Köln, mit frischem Wasser zu versorgen, setzten die Römer um 80 nach Christus einen Brunnen. Von diesem Grünen Pütz im Urfttal bei Nettersheim führte der Kanal über knapp hundert Kilometer in die Metropole. Das natürliche Gefälle der Landschaft wurde dabei – ohne Landkarten und Satellitenfotos – denkbar geschickt ausgenutzt. Wo dies nicht möglich war, musste improvisiert werden – zum Beispiel in Form einer Wasserbrücke.

Am Ortsrand von Vussem musste ein Seitental des Veybachs überwunden werden. Alte Fotos zeugen dort heute von der Entdeckung der Aquädukt-Überreste 1958. Beim Bau des Fußballplatzes waren bereits zwei antike Pfeiler achtlos zerstört worden, bevor die Archäologen auf den Plan traten. Es gehört ein bisschen Phantasie und/oder Grabungserfahrung dazu, aus den freigelegten Restpfeilern das komplette Bauwerk zu rekonstruieren. Heute geht man davon aus, dass die Vussemer Brücke rund 80 Meter lang war und auf wohl zwölf Pfeilern stand. In zehn Metern Höhe trugen sie die Rinne des Kanals, über der große Platten aus Sandstein lagen. Damit das Wasser im Winter nicht einfror, plante man das Gefälle der Brücke etwas größer als das durchschnittliche der gesamten Wasserleitung. Und damit das Gemäuer sich auch optisch ansprechend gestaltete, war es mit sauber zugehauenen Steinen aus Grauwacke verblendet. Dass das verbliebene Originalmauerwerk gegenüber dem Wiederaufbau sehr unregelmäßig wirkt, hat einen einfachen Grund: Es lag ursprünglich unterirdisch.

Adresse Titusstraße/Sportplatz, 53894 Vussem | **Anfahrt** ab der durch den Ort führenden B 477 ausgeschildert | **Tipp** Die Aquäduktbrücke ist eine Station des Römerkanal-Wanderwegs (www.roemerkanal-wanderweg.de).

WALPORZHEIM

104 Die Gärkammer
»Das Mittel ist probat«

Den 1815 in Oberkassel geborenen Gottfried Kinkel kennt man als Schriftsteller, Theologen und freiheitlichen Politiker. Aber er war zugleich auch ein ausgezeichneter Weinkenner. 1846 war er im Pferdewagen an der Ahr entlanggereist und hatte ein Buch darüber geschrieben. Im Revolutionsjahr 1848 wurde er Redakteur der liberalen Bonner Zeitung und gründete den demokratischen Verein der Stadt. Wegen seiner Teilnahme am Siegburger Zeughaussturm im Mai 1849 kam er vor Gericht. Deshalb saß Kinkel im Zuchthaus, als das Büchlein schließlich erschien. Nicht jeder Ahrbauer wird sich mit Kinkels politischen Ansichten solidarisiert haben, aber sie alle lesen bis heute gern, was er über ihren Wein schrieb. Allen voran die Adeneuers von Walporzheim. Deren Lage namens Gärkammer nämlich, so befand Kinkel, sei die »edelste des Ahrtals«.

Mit nur 0,68 Hektar gilt sie als eine der kleinsten von ganz Deutschland. Der steile Hang mit 60 Prozent Neigung ist streng nach Süden ausgerichtet. Die Rebstöcke wachsen hier auf einem ehemaligen Steinbruch für die Weinterrassen des Walporzheimer Ahrtals. Seine Bruchkanten erkennt man bis heute. Zusammen mit den Schiefermauern und dem Verwitterungsgestein verantwortet er das ganz spezielle Mikroklima der Lage, die zumeist deutlich höhere Mostgewichte erzielt als die benachbarten. Der Name »Gärkammer« spricht in dieser Hinsicht für sich.

Angebaut wird hier zu 95 Prozent Spätburgunder, eine Rebsorte, die auch Gottfried Kinkel genoss. So manches Glas soll er mit Dichterkollegen wie Ferdinand Freiligrath und Karl Simrock in Walporzheim geleert haben. Und er wusste auch, wie man einen Rotweinkater kuriert. Im besagten Buch schreibt er: »Die Mönche und geistlichen Herren des Ahrtals haben vorlängst die Regel entdeckt, dass man den weißen Wein trinken soll als Kur wider den zu stark genossenen roten. Das Mittel ist probat.«

Adresse Gärkammer: 53474 Walporzheim; Weingut: Max-Planck-Straße 8, 53474 Bad Neuenahr-Ahrweiler, www.adeneuer.de | **Anfahrt** Die Gärkammer liegt neben dem Kräuterberg in Walporzheim auf der nördlichen Seite der Ahr. Das Weingut findet sich in Ahrweiler zwischen Ahr und B 267. | **Öffnungszeiten** Weingut mit Direktverkauf: Mo–Fr 9–12 und 13.30–18 Uhr, Sa 10–15 Uhr | **Tipp** Der Ahr-Rotweinwanderweg führt auch durch die besten Walporzheimer Lagen (www.ahr-rotweinwanderweg.de).

105_ Das Meditationszentrum
Die Buddhisten vom Laacher See

Kaum ein deutscher Landstrich, abgesehen von Bayern, ist katholischer geprägt als die Eifel. Die einzigen Protestanten hier waren ab 1815 jene preußischen Beamten, die von Berlin aus nach »Preußisch Sibirien« geschickt wurden. Es hat sich einiges geändert seitdem. Und seit 2009 gibt es in Wassenach sogar ein schönes, sehr entspanntes buddhistisches Meditationszentrum.

Entstanden ist das »Phra Ajarn Thong« auf Initiative der Eheleute Phanuchanart und Reinhard Koll. Letzterer ist nicht nur Besitzer einer Elektrofirma, sondern seit 2015 auch Träger der höchsten kulturellen Auszeichnung Thailands, des Sema-Thammachak-Preises. Bereits zwei Jahre zuvor war der Obermönch Ajarn Tong Sirimangalo nach Wassenach zu Besuch gekommen. Der damals 90-Jährige, in der thailändischen Sakralhierarchie in etwa so hochstehend wie ein katholischer Erzbischof, weihte das »Phra Ajarn Thong« zum Tempel. Seitdem sind hier stets mehrere Thaimönche vor Ort. Wer möchte, kann sich als Gast zum Meditieren einmieten oder auch nur einen kurzen Stopp machen. Der weite Himmel, die Eifelwälder, der aus einem gigantischen Vulkanausbruch hervorgegangene Laacher See – in spiritueller Hinsicht hat Wassenach einiges zu bieten.

Ganz offensichtlich war dieses Gebäude früher ein typisches deutsches Gasthaus. Noch immer passiert man beim Gang in die Küche dessen rustikal-hölzerne Theke. Aber wo früher der Biergarten lag, befindet sich heute die beschirmte Statue eines lebensgroßen Buddhas. Und der einstige Fest- dient heute als Meditationssaal. Statt glänzender Pokale von vergessenen Kegelturnieren steht hier nun ein großer Tisch mit goldenen Buddhafiguren. Aufwendige Blumenarrangements und großformatige Bilder des Obermönches sowie des thailändischen Königs ergänzen den Aufbau. Letztlich ähnelt dieser Schrein durchaus einem christlichen Altar-Chor-Bereich – nur die Symbole sind andere.

Adresse Hauptstraße 24, 56653 Wassenach | **Anfahrt** Wassenach liegt nördlich des Laacher Sees, das Zentrum findet sich in der Ortsmitte. | **Öffnungszeiten** Gäste sind willkommen, solange sie sich an die Hausregeln halten. | **Tipp** Ein weiteres buddhistisches Meditationszentrum ist das »Waldhaus am Laacher See« (Heimschule 1, 56645 Nickenich, www.buddhismus-im-westen.de).

106 Die Mariensäule
»Madonna dou vom Eichelsberg«

In Kyllburg diskutierte man um 1900 den Bau einer Bismarck-Säule – Monumente des Eisernen Kanzlers waren seinerzeit deutschlandweit schwer angesagt. Aber der Preuße und Protestant hatte in der Eifel keine Chance. Statt seiner wurde die Gottesmutter auf den Sockel gehievt. Katholiken verehren Maria – weltweit. Und ihrer Bewunderung Ausdruck verleihen sie gern durch die Errichtung weithin sichtbarer Mariensäulen.

In Waxweiler nahm man das Ende des Krieges zum Anlass. »Wie durch ein Wunder«, so heißt es in den Annalen, waren die Gemeinde und ihre Einwohner von Kriegszerstörungen und Tod weitgehend verschont worden. Und dies, obwohl Waxweiler zum Aufmarschgebiet der deutschen Ardennenoffensive im Winter 1944/45 gehörte. Lediglich im Januar 1945 wurde der Ort von einem alliierten Bombenangriff heimgesucht, der mehrere Todesopfer forderte. Der Dank der Überlebenden galt in erster Linie nicht Gottvater oder Gottes Sohn, sondern den »schützenden Händen der Gottesmutter«.

Das Grundstück auf dem Eichelsberg wurde kostenlos zur Verfügung gestellt. Haussammlungen finanzierten die Anschaffung der Baumaterialien. Pferdefuhrwerke transportierten die 13 Rundblöcke samt der Marienstatue nach oben, und nach 20 Monaten gemeinschaftlicher Arbeit war es dann so weit: Am 9. Mai 1948 konnte die Gedenkstätte eingesegnet werden. Ganz offenbar hatten die Waxweiler Initiatoren den katholischen Nerv getroffen. Die Säule hoch über dem Dorf verwandelte sich in der Nachkriegszeit in einen Pilgerort. Wallfahrer von nah und fern statten der Mariensäule bis heute ihren Besuch ab, viele hinterlassen Votivtafeln. Und wer den Waxweiler Dialekt beherrscht, mag sich an folgendem Gebet versuchen: »Madonna, mir soan häezlich Daank / fier dengen Schotz an Nukt un Leed. / Madonna dou vom Eichelsberg / bleiw Maam ies bas an Iwigkeet.«

Adresse 54649 Waxweiler | **Anfahrt** Der Wirtschaftsweg zur Säule geht rechts der L10 von Waxweiler nach Lascheid ab (Abzweig ausgeschildert). | **Tipp** Die Mariensäule passiert man auf dem 16 Kilometer langen Devon-Pfad (www.naturwanderpark.eu).

107 _ Die Burg Trutzeltz
Ein ruinöses Schattendasein

Sie tragen denselben Namen, man erreicht sie auf demselben Weg, und eigentlich liegen nur 230 Meter Luftlinie zwischen ihnen. Und dennoch trennen sie, die Burgen Eltz und Trutzeltz, Welten. Erstere gehört zu den berühmtesten Wehranlagen Deutschlands. Sie stammt aus dem 12. Jahrhundert, wurde nie zerstört, aber stets gepflegt. Lage, Architektur und Ausstattung der Burg Eltz suchen ihresgleichen. Die Trutzeltz hingegen wurde längst zur Ruine. Einige letzte Ringmauerstücke und zwei Stockwerke eines Wohnturms ragen wie emporgestreckte Arme aus einem grünen Dschungel, der alles zu überwachsen droht. Dabei bildeten die beiden Burgen über der Elz einst ein Paar – wenn auch ein antagonistisches.

Errichtet wurde die Trutzeltz ab 1331 als Trutz-, also Belagerungsburg. Nach ihrem Erbauer, dem Erzbischof von Trier, heißt sie auch Balduin-Eltz. Dieser Kirchenmann hatte die Eltzer Fehde (1331–1336) vom Zaun gebrochen, indem er danach strebte, seinen Herrschaftsbereich in weiter östliche Moselgefilde zu erweitern. Die Ritter von Eltz und ihre Verbündeten verweigerten sich jedoch diesem Ansinnen. Als Reaktion darauf beschloss Balduin, die Burg Eltz auszuhungern, indem er ihren Versorgungsweg aus Richtung Wierschem blockierte. Zugleich übersah man von der Trutzeltz aus den Hof der 40 Meter tiefer auf einem benachbarten Sporn gelegenen Eltz und kontrollierte damit das dortige Geschehen. Die jahrlange Belagerung und der Beschuss durch Katapulte zeigten schließlich Wirkung. Johann von Eltz sah sich zur Kapitulation gezwungen und unterwarf sich dem Erzbischof. Die Folgen für die Burgen Eltz und Trutzeltz hätten nicht unterschiedlicher sein können: Während Erstere fortan geschont wurde, gab man Letztere auf. Und während weiter unten Eintritt erhoben und Führungen angeboten werden, darf man die traurigen Überreste der Trutzeltz nicht einmal besichtigen. Es besteht Einsturzgefahr.

Adresse Burg Eltz 1, 56294 Wierschem, www.burg-eltz.de | **Anfahrt** aus allen Richtungen ausgeschildert | **Öffnungszeiten** Burg Eltz: April–Okt. täglich 9.30–17.30 Uhr | **Tipp** Auch als Trutzburg im Rahmen der Eltzer Fehde wurde die – heute ebenfalls ruinöse – Rauschenburg bei Mermuth im Rhein-Hunsrück-Kreis errichtet. Fotos: Blick von Eltz auf Trutzeltz (oben) und andersherum (unten).

108 Die Einsiedelei
Schwarzbrot, Ziegenmilch und Honig

Wenn jemand seine Ruhe haben will – hier findet er sie. Mitten im Wald, hoch über der Prüm, sagen sich höchstens Fuchs und Hase Gute Nacht. Menschen findet man hier eher selten, auch heute noch, obwohl sich die landschaftlichen Zusammenhänge geändert haben. Unten am Biersdorfer Stausee existieren ein Ausflugslokal und ein großer Hotelkomplex, Ausflügler können Bötchen mieten oder um den künstlichen See wandern. Oben am Berg jedoch spürt man noch ganz genau, was Jakob Leisen hier anstrebte.

Der spätere Einsiedler wurde 1872 in Wiersdorf geboren. Eine langwierige Krankheit zerstörte seinen Traum vom Ordensleben. Stattdessen begann er im Jahr 1906 mit dem Bau einer Holzhütte oberhalb seines Geburtsortes. 1919 wurde sie durch ein solides Steinhäuschen ersetzt, und 1923 stand die Kapelle, die man heute noch betreten kann. Spenden aus der Bevölkerung ermöglichten später die Anlage des kleinen Kreuzwegs, den man auf den letzten Windungen zu Leisens Hinterlassenschaft durchläuft. Einige Jahre später machten dann eine Lourdesgrotte und eine Mariensäule dieses waldeinsame Sakralensemble komplett.

Jakob Leisen starb am 25. November 1945 mit 73 Jahren. Für den täglichen Bedarf hatte sich der Eremit einen kleinen Garten angelegt. Man sagt, er ernährte sich beinahe ausschließlich von Schwarzbrot, Ziegenmilch, Honig und der Gartenernte. Seinen Zeitgenossen galt Leisen als sanfter, fromm-freundlicher Mensch. Anders sind auch die Spenden und die Hilfsbereitschaft der Dörfler kaum zu erklären. Den 3,5 Tonnen schweren Altar zog man durch den damals noch weglosen Wald hinauf. Erst seit 1979 ist die Kapelle durch einen Wanderpfad erschlossen, und um ihren Erhalt kümmert sich heutzutage ein eigens gegründeter Wiersdorfer Verein. Die Stille in dem kleinen Kirchenraum ist vollkommen. Wird sie zu drückend, gibt es jedoch einen Ausweg: Man darf die Glocke läuten.

Adresse 54636 Wiersdorf, www.biersdorfamsee.de | **Anfahrt** vom Dorf aus die Stauseestraße zur Prüm hinunter, über den Fluss und in den ersten Waldweg links einbiegen | **Tipp** Der hübsche Spaziergang um den Stausee herum dauert ungefähr 1,5 Stunden.

109 Die Autobahnkirche
Eine »Raststätte der Ruhe«

Am Anfang war der Wegstock. Wer in alter Zeit von hier nach dort wanderte, sollte auch unterwegs an Gott, den Herrn, erinnert werden und die Chance haben zu beten. Schusters Rappen und der Eselskarren wurden in moderner Zeit abgelöst durch das Automobil, das steinerne oder hölzerne Kreuz am Wegesrand mutierte zur Autobahnkirche. Jedenfalls in deutschen Landen, der Rest der Christenheit zieht erst allmählich nach. Rund 40 »Raststätten der Ruhe« liegen heutzutage an deutschen Autobahnen. Die erste öffnete 1958 an der A 8 bei Adelsried/Augsburg ihre Pforten. St. Paul bei Wittlich hingegen wurde erst am 27. Juni 2010 zur 37. Autobahnkirche erklärt.

Von der Landseite her erreicht man das Gotteshaus entlang einer hübschen Streuobstwiese. Direkt nebenan liegt die 1925 erbaute Klosteranlage der Steyler Missionare, als deren Ordenskirche sie bis zur Klosteraufgabe 2004 fungierte. Der 1969 errichtete Bau aus braunem Backstein dient zum einen der inneren Einkehr nach stressigem Verkehr. Zum anderen jedoch wird hier auch die Erinnerung an die Frühzeit des Autobahnbaus wachgehalten. Das 2013 eingeweihte Kunstwerk des Wittlicher Bildhauers Sebastian Langner zeigt eine aus Wurzelwerk aufsteigende Straße. Die Assoziation des Gestrüpps mit Stacheldraht ist gewollt. Denn es waren nicht zuletzt Zwangsarbeiter der Nazizeit, die Deutschlands Autobahnen bauten. Der Wittlich betreffende Abschnitt von Koblenz nach Trier etwa wurde 1939 bis 1942 durch die Eifel gezogen. Unter anderem waren Kriegsgefangene, KZ-Insassen und jüdische Zwangsarbeiter am Bau beteiligt.

Die Steyler Missionare treten seit ihrer Gründung 1875 für den katholischen Glauben ein. Wittlichs Autobahnkirche versteht sich demgegenüber jedoch als Ort der Ökumene, und nicht nur das: Seit dem 9. September 2012 ist sie nicht mehr nur den Autofahrern vorbehalten, sondern zudem eine offizielle Radwegekirche.

Adresse Arnold-Janssen-Straße 1, 54516 Wittlich, www.autobahnkirche-stpaul.de | **Anfahrt** A 1, Ausfahrt Wittlich-Mitte | **Öffnungszeiten** 1. April–30. Sept. 8–20 Uhr, 2. Okt.–31. März 9–18 Uhr | **Tipp** Ebenfalls sehenswert ist die heute kulturell genutzte ehemalige Synagoge von Wittlich (Himmeroder Straße 44, www.kulturamt.wittlich.de).

110_ Die Berliner Mauer
Grenzwall im einstigen Grenzgebiet

Schon seit der Antike bildete die Eifel ein Grenzgebiet. Grob vereinfacht lebten hier die Kelten, östlich des Rheins die Germanen. Zunächst die Römer unter Cäsar und sodann die Völkerwanderung brachten einiges durcheinander, aber eines blieb: Die Eifel trennte weiterhin Völker und bald auch Länder. Jahrhundertelang war es das Bestreben französischer Herrscher, ihre Ostgrenze bis an den großen Fluss zu verschieben. In der Vorwärts- wie in der Rückwärtsbewegung wurde die ärmliche Pufferzone verwüstet. Es war Napoleon, der sie schließlich eroberte und in vielerlei Hinsicht modernisierte. Ab 1815 führten dann die Preußen seine Arbeit weiter – ohne große Gegenliebe, widerwillig, aber konsequent. Und heute? Die Eifel führt im Westen nach Belgien und Luxemburg und wird selber durchschnitten von der Grenze zwischen Nordrhein-Westfalen und Rheinland-Pfalz. Ein geeigneter Platz also, um einen historischen, weltpolitisch bedeutsamen Grenzstein aufzustellen.

Der Mann, der das Wittlicher Mauerstück stiftete, könnte kaum geeigneter sein. Friedel Drautzberg wurde in Wittlich geboren und eröffnete 1997 die Kneipe »Ständige Vertretung« in Berlin. Nach dem Umzug von Bonn in die neue Hauptstadt schuf er damit allen Rheinländern eine heimische Anlaufstelle in der Fremde. Kölsch statt Berliner Weiße: Der Plan ging auf, eine »StäV« gibt es inzwischen auch in mehreren anderen Städten. Grenzüberschreiter Drautzberg nahm den 20. Jahrestag der Deutschen Einheit zum Anlass, seiner Eifeler Heimat jenes Relikt des Kalten Krieges zwischen BRD und DDR, NATO und Ostblock zu stiften. Das Wittlicher Mauerstück, 3,60 Meter hoch, 1,20 Meter breit und 2,75 Tonnen schwer, wurde vom Umweltkünstler Ben Wagin gestaltet. Wer immer hier anhält, steht fragend, ein wenig irritiert, vielleicht auch eingeschüchtert oder nostalgisch amüsiert davor. Kalt lässt dieser seltsame Koloss jedoch niemanden.

Adresse 54516 Wittlich | **Anfahrt** Das Mauerstück steht direkt am Parkplatz Zentrum/P4. | **Tipp** Auch bei dem baugleichen, gekippten Betonstück neben dem Monument handelt es sich um einen Teil der Berliner Mauer – ein in diesem Fall unbearbeitetes Geschenk der Partnerstadt Zossen in Brandenburg.

111 Die Tomburg
Kraut und Kastell

Zuckerrüben dienen unter anderem als Futterpflanze sowie zur Herstellung von Zucker und Bioethanol. Im Rheinland jedoch dürfte ihr berühmtestes Endprodukt der Zuckerrübensirup sein. Die 1953 eingeführten gelben Töpfe mit dem »Grafschafter Goldsaft« kennt (fast) jedes Kind als Brotaufstrich. Rübenkraut, wie man es in der Region auch nennt, kommt braun, samtig, süß und klebrig daher. Es ist billiger als Honig und weitaus gesünder als die bekannten Schokolade-Nougat-Aufstriche. Und seit 1996 ziert das Logo des Goldsafts eine Sehenswürdigkeit: die Tomburg.

Die Wormersdorfer Feste liegt auf 316 Metern, ihre Reste überragen eine Basaltkuppel aus dem Tertiär. Als ihr berühmtester Herrscher gilt der Pfalzgraf Ezzo (955–1035), einst als Nachfolger von Kaiser Otto III. gehandelt. Auf ihn geht unter anderem die Gründung des Klosters Brauweiler zurück, und seine Frau Mathilde gebar ihm mehrere berühmte Töchter: Während Richeza (995–1063) durch Hochzeit zur Königin von Polen aufstieg, wurde Ida (vor 1025–1060) Äbtissin im einflussreichen Stift von St. Maria im Kapitol zu Köln. Als jedoch im Spätmittelalter rundum die Städte aufblühten, waren die Tage der Tomburg gezählt. Nach einem kurzen Intermezzo als Raubritter gaben die Brüder Konrad und Friedrich von der Tomburg die bedeutungslos gewordene Feste 1375 auf. 1473 schließlich wurde sie im Rahmen einer Fehde zwischen Köln und Jülich zerstört.

Die Fusion von Kraut und Kastell macht nicht nur geografisch Sinn. Denn goldig wie das Grafschafter Rübenkraut ist auch die Sage um den Burgbrunnen. Dort nämlich liegt jene Wiege aus Edelmetall, die einst ein gräfliches Kind beherbergte. Um seinen Tod vergessen zu machen und die bitter trauernde Gattin abzulenken, soll der Hausherr sie dort versenkt haben. Die Tomburg zerfiel, die Wiege blieb. Wer sie heraufschafft, wird reich. Er darf dabei allerdings nicht reden.

Adresse 53359 Wormersdorf | **Anfahrt** Zugang über den Wanderparkplatz an der Tomberger Straße, der Beschilderung folgen | **Tipp** An der Wormersdorfer Kirche beginnt der acht Kilometer lange historische »Brotpfad«, der unter anderem an der Tomburg vorbeiführt. Das Rübenkrautwerk im nahen Meckenheim kann nach Voranmeldung besichtigt werden (www.grafschafter.de/werksbesichtigungen).

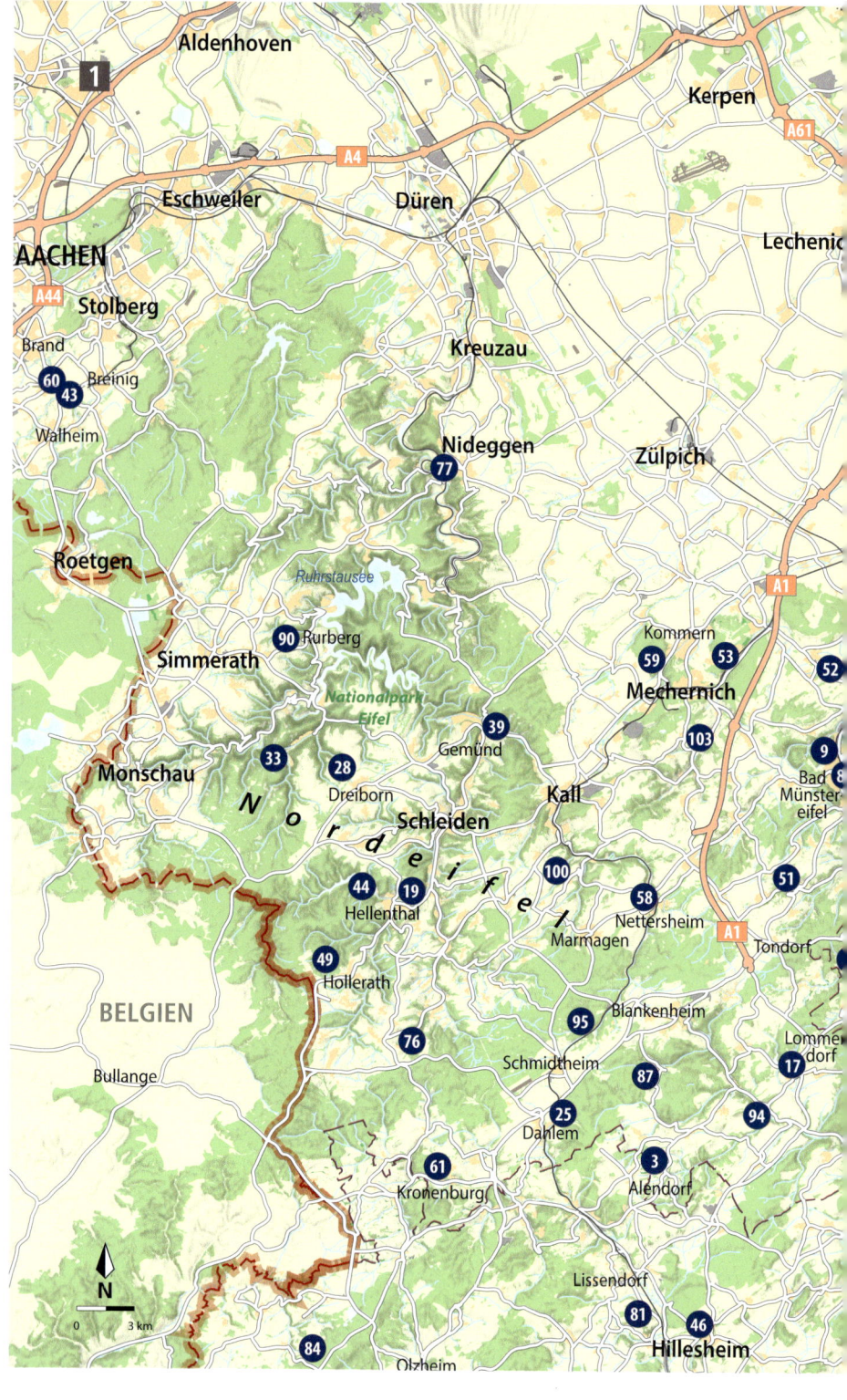

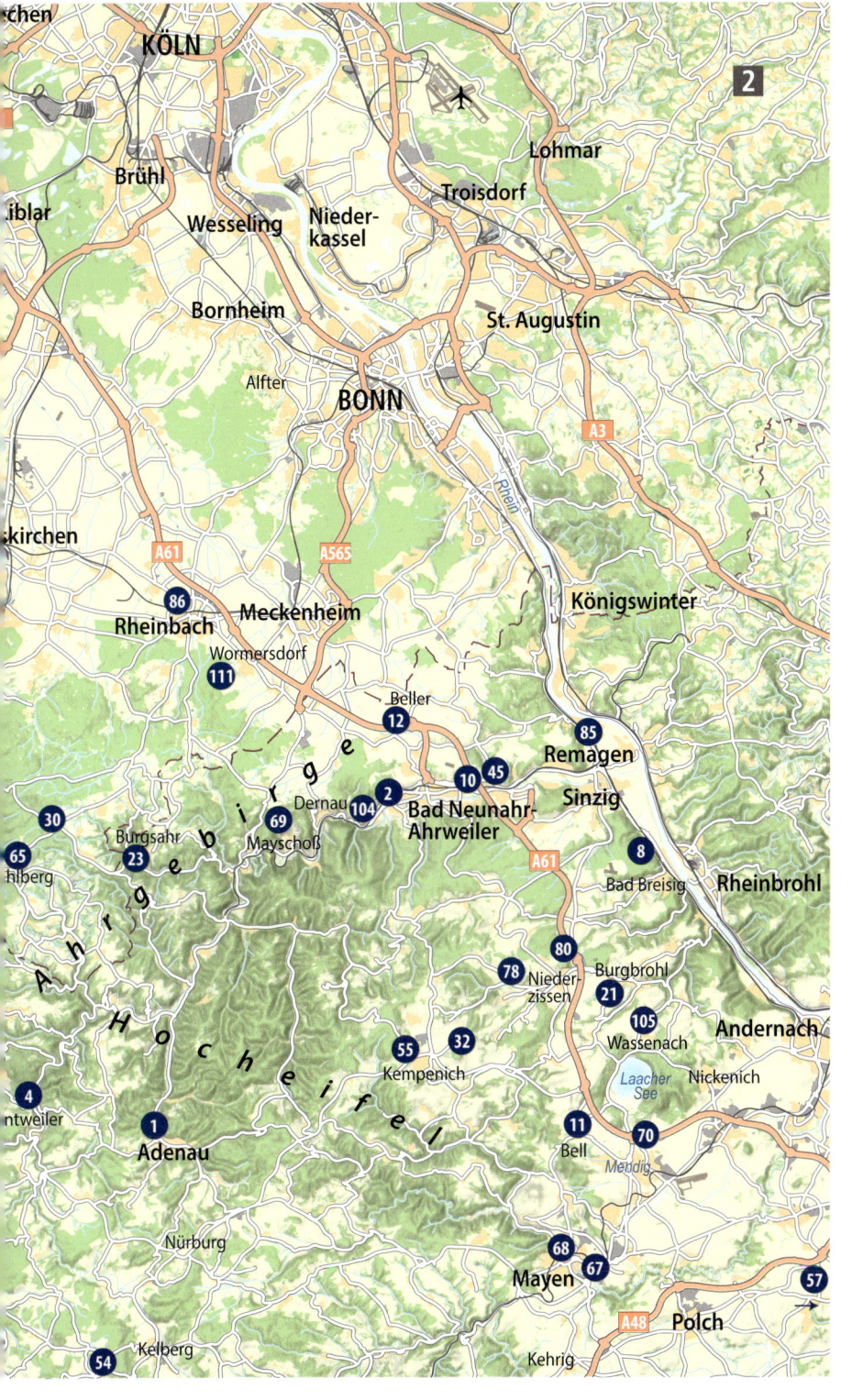

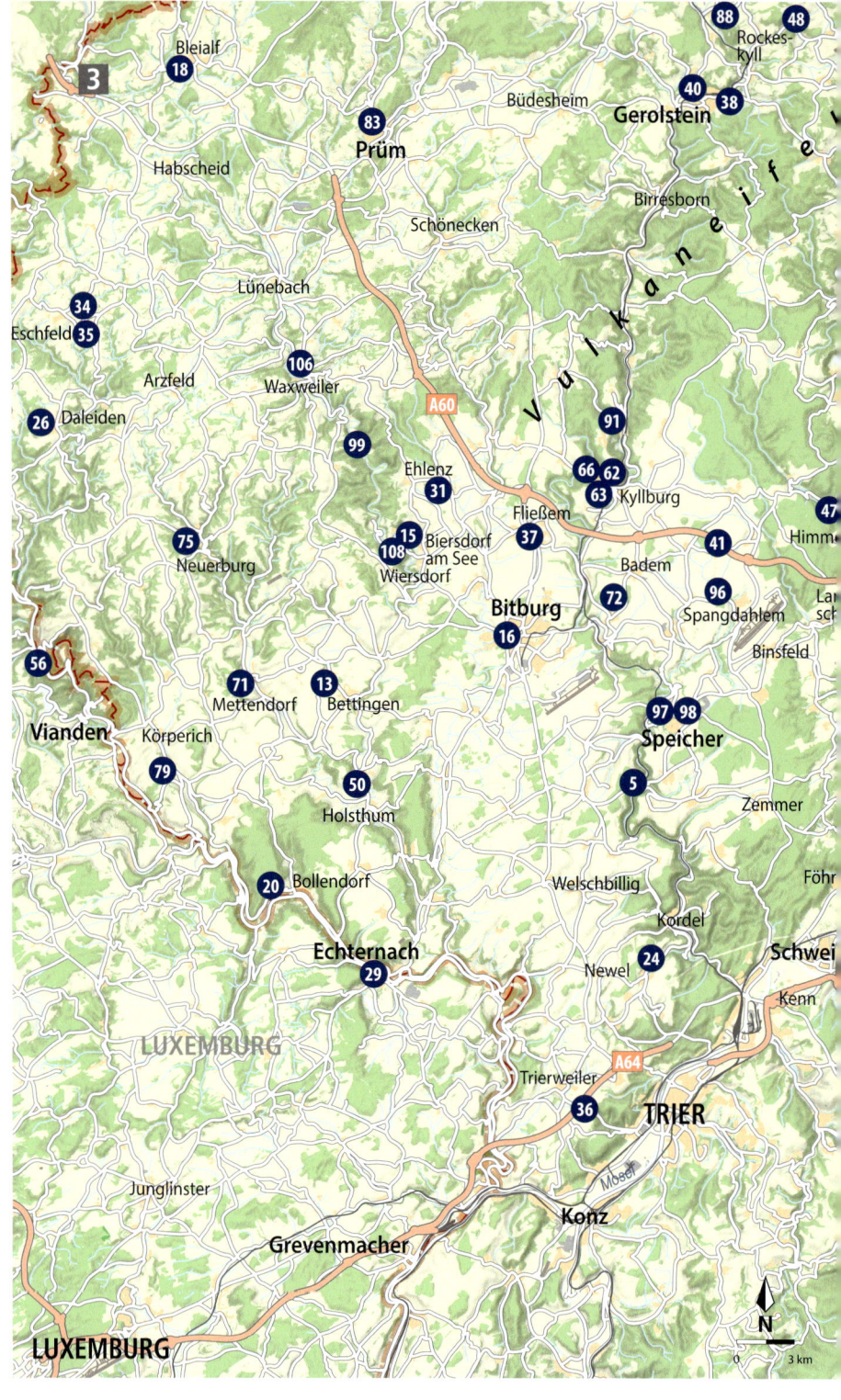

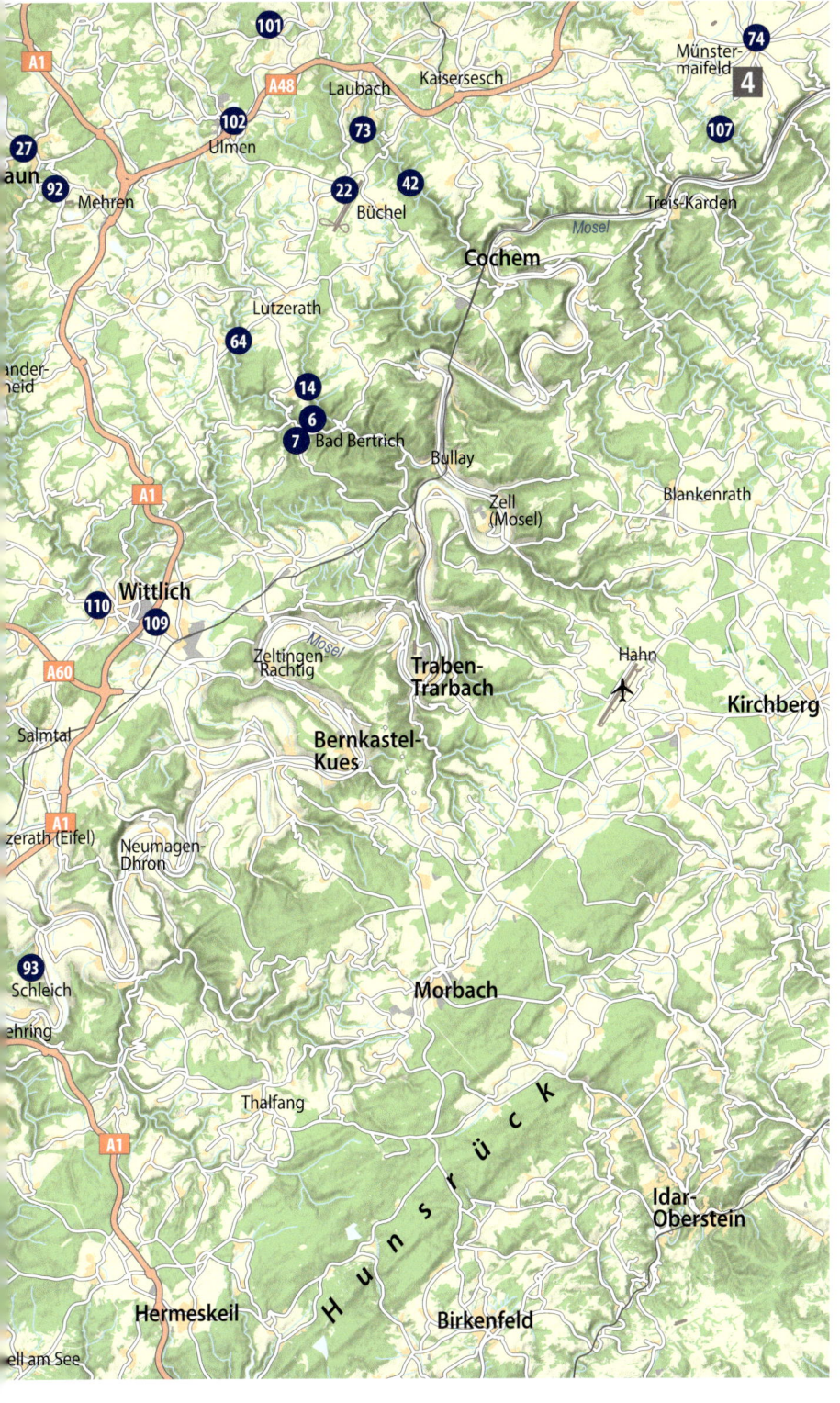

Abbildungsnachweis

Seite 75: M. Weisgerber/Nationalpark Eifel; 87 u.: Gemünder Brauerei; 95 o.: Fabian2/Wikipedia; 97 o.: Gemeinde Hellenthal; 117 o.: Derzno/Wikipedia; 131 u.: Martin Schöddert/Haus für Lehrerfortbildung Kronenburg; 133 o.: Archiv Toni Nemes; 169: W. Müller/Tourist-Info Vulkanregion Laacher See; 175 o./u.: Manfred Schuler, Georg Sternitzke/Tourist-Information Prümer Land; 181 o./u.: JVA Rheinbach; 217: Weingut Adeneuer
Alle anderen: Barbara Thoben und Bernd Imgrund

Bernd Imgrund
KÖLLE, JEFÖHLT
ISBN 978-3-95451-904-0

»Eine Zusammenstellung, in der Imgrund
kreativ, witzig und liebevoll die Stärken und
Schwächen seiner Heimatstadt beleuchtet.«
Kölnische Rundschau

Bernd Imgrund und Britta Schmitz
111 KÖLNER ORTE, DIE MAN
GESEHEN HABEN MUSS/Band 1
ISBN 978-3-89705-618-3

»Das schönste Köln-Buch 2008.« Prinz
»Das Buch dürfte selbst für den erfahrenen
Kölnkenner noch einige Überraschungen parat
halten!« Kölner Illustrierte

Bernd Imgrund und Britta Schmitz
111 KÖLNER ORTE, DIE MAN
GESEHEN HABEN MUSS/Band 2
ISBN 978-3-89705-695-4

»Bernd Imgrund und Britta Schmitz
haben wieder geniale, oft unbekannte Plätze
und ihre Geschichte gefunden.« BuchMarkt

Bernd Imgrund und Nina Osmers
111 ORTE IM KÖLNER UMLAND,
DIE MAN GESEHEN HABEN MUSS
ISBN 978-3-89705-777-7

»Der Band bietet Überraschendes selbst
für Ortskundige.«
Kölner Stadt-Anzeiger

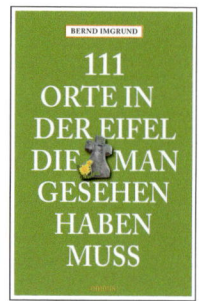

Bernd Imgrund
111 ORTE IN DER EIFEL, DIE
MAN GESEHEN HABEN MUSS
ISBN 978-3-95451-003-0

»Bernd Imgrund geht es um die schönen, schaurigen
und skurrilen Orte.« General-Anzeiger

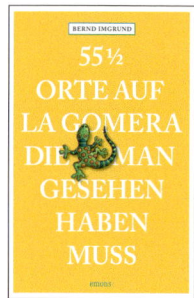

Bernd Imgrund
55 ½ ORTE AUF LA GOMERA, DIE
MAN GESEHEN HABEN MUSS
ISBN 978-3-95451-700-8

»Ein Reisebuch für alle Fans und Liebhaber des
Archipels und solche, die es werden wollen und
einmal nicht auf den abgetretenen Wegen wandeln
möchten.« www.spanienaktuell.es
»Dieses Buch von Bernd Imgrund will den Blick
auf das Besondere, das nicht sofort ins Auge
Fallende richten.« Der Valle-Bote

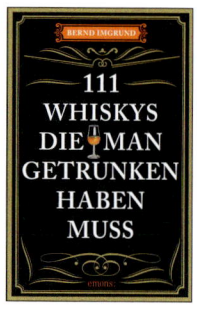

Bernd Imgrund
111 WHISKYS, DIE MAN
GETRUNKEN HABEN MUSS
ISBN 978-3-7408-0242-4

»Das Buch von Bernd Imgrund und Tobias
Fassbinder öffnet die Augen für die spannenden
Hintergründe altbekannter Brennereien und
für die Geschichte schräger Außenseiter.«
lebensart

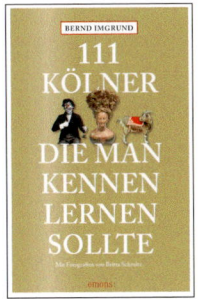

Bernd Imgrund
111 DEUTSCHE, DIE MAN
KENNEN SOLLTE
ISBN 978-3-95451-836-4

»Der Autor spannt unterhaltsam und
kurzweilig einen weiten Bogen.« Frizz

Bernd Imgrund
111 KÖLNER, DIE MAN
KENNENLERNEN SOLLTE
ISBN 978-3-95451-322-2

»Ein Buch, in dem man immer wieder schmökert,
obwohl man doch nur mal eben die eine Geschichte
lesen wollte ...« Kölner Stadt-Anzeiger

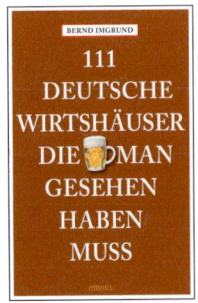

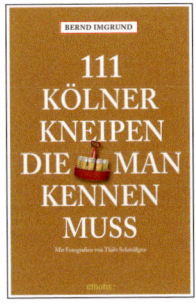

Bernd Imgrund
111 DEUTSCHE WIRTSHÄUSER, DIE
MAN GESEHEN HABEN MUSS
ISBN 978-3-95451-080-1

»Ein süffiger Insiderführer unserer atmosphärisch
wertvollsten Traditionslokale.« Bild Ruhrgebiet

Bernd Imgrund
111 KÖLNER KNEIPEN, DIE
MAN KENNEN MUSS
ISBN 978-3-89705-838-5

»Die kultigsten Kneipen von Köln.« Express
»Der Durst kommt beim Lesen. Ein kurzweiliger
Kneipenführer, in dem es nicht um Gastrokritik,
sondern ein Stück kölscher Lebenskultur geht.«
Kölnische Rundschau

Der Autor

Bernd Imgrund, geboren 1964 in Köln, arbeitet als Autor und Journalist. Er schrieb u. a. eine Kulturgeschichte des Skatspiels (»Das Skat-Lesebuch«) sowie den Schelmenroman »Quinn Kuul«. Im Emons Verlag erschienen u. a. die Stadtführer »111 Kölner Orte, die man gesehen haben muss« (Band 1 und 2) und die satirische Grafiken-Sammlung »Kölle, jeföhlt«.